PARAMAHANSA JOGANANDA
(1893 – 1952)

MEDYTACJE METAFIZYCZNE

UNIWERSALNE MODLITWY,
AFIRMACJE I WIZUALIZACJE

PARAMAHANSA
JOGANANDA

Tytuł oryginału w języku angielskim wydanego przez
Self-Realization Fellowship, Los Angeles (Kalifornia):
Metaphysical Meditations

ISBN-13: 978-0-87612-041-5
ISBN-10: 0-87612-041-9

Przekład na polski: Self-Realization Fellowship
Copyright © 2013 Self-Realization Fellowship

Wszystkie prawa zastrzeżone. Z wyjątkiem krótkich cytatów wykorzystanych w recenzjach, żadna część „Medytacji metafizycznych" (*Metaphysical Meditations*), nie może być powielana, przechowywana, przesyłana lub rozpowszechniana w jakiejkolwiek formie, ani za pomocą jakichkolwiek środków (elektronicznych, mechanicznych, lub innych) dostępnych obecnie lub w przyszłości – włącznie z systemem kopiowania, nagrywania, lub jakimkolwiek innym, który umożliwia przechowywanie i odtwarzanie informacji – bez uprzedniej pisemnej zgody Self-Realization Fellowship, 3880 San Rafael Avenue, Los Angeles, California 90065-3219, U.S.A.

 Wydanie autoryzowane przez International Publications Council of *Self-Realization Fellowship*

Nazwa i emblemat *Self-Realization Fellowship* (widoczny powyżej) widnieją na wszystkich książkach, nagraniach oraz innych publikacjach wydanych przez SFR i upewniają czytelnika, że są to oryginalne prace organizacji założonej przez Paramahansę Joganandę i że wiernie przekazują one jego nauki.

Pierwsze wydanie w języku polskim przez
Self-Realization Fellowship, 2013
First edition in Polish from *Self-Realization Fellowship*, 2013

To wydanie 2013
This printing 2013

ISBN-13: 978-0-87612-398-0
ISBN-10: 0-87612-398-1

1369-J3072

O TEJ KSIĄŻCE

W czasie swoich wczesnych lat pobytu w Ameryce, podczas publicznych wykładów i warsztatów, które prowadził podczas rozległych tournées – oraz w latach późniejszych, w założonych przez siebie świątyniach Self-Realization Fellowship[1] – Paramahansa Jogananda często zwykł wprowadzać swoich słuchaczy w afirmacje, wizualizacje lub modlitewne inwokacje. Te metafizyczne metody, odzwierciedlające miriady sposobów, w jakie można zwracać się do Nieskończonego Ducha albo Go postrzegać, cieszyły się szerokim uznaniem. Po roku 1925, kiedy Śri Jogananda założył w Los Angeles międzynarodową siedzibę dla swojego stowarzyszenia i zaczął wydawanie magazynu *West-East* (którego nazwa została zmieniona na *Self-Realization* w 1948 r.), wiele z tych medytacji wydrukowanych zostało w magazynie, a w 1932 r. zbiór prawie dwustu z nich został wydany przez Self-Realization Fellowship w *Medytacjach metafizycznych*. Od tamtej pory książka była nieustannie wznawiana, wraz z rozszerzonymi wydaniami w latach 1952 i 1964. Oferując skarbnicę nadziei i inspiracji, znalazła ona rosnące audytorium wdzięcznych czytelników pośród wyznawców wszystkich wiar.

Self-Realization Fellowship

---

[1] W dosłownym tłumaczeniu "Stowarzyszenie Samorealizacji". Paramahansa Jogananda wyjaśnił, że nazwa Self-Realization Fellowship oznacza "wspólnotę z Bogiem poprzez samourzeczywistnienie i przyjaźń ze wszystkimi poszukującymi prawdy duszami". Zobacz także "Cele i ideały Self-Realization Fellowship".

MODLITWA O ZJEDNOCZONY ŚWIAT
Paramahansa Jogananda

NIECH PRZYWÓDCY wszystkich krajów i ras kierują się zrozumieniem, że ludzie wszystkich narodów tworzą fizyczną i duchową jedność: fizyczną jedność, ponieważ jesteśmy potomkami wspólnych rodziców – symbolicznego Adama i Ewy; i duchową jedność, ponieważ jesteśmy nieśmiertelnymi dziećmi naszego Ojca, związanymi wiecznymi ogniwami braterstwa.

Pomódlmy się w naszych sercach o Ligę Dusz i Zjednoczony Świat. Chociaż może się wydawać, że jesteśmy podzieleni – rasą, wyznaniem, kolorem skóry, klasą i politycznymi uprzedzeniami – pomimo to jednak, jako dzieci jednego Boga potrafimy w naszych duszach odczuwać braterstwo i jedność świata. Pracujmy nad stworzeniem Zjednoczonego Świata, w którym każdy naród będzie użyteczną częścią, kierowaną przez Boga poprzez oświecone ludzkie sumienie.

W naszych sercach wszyscy możemy nauczyć się, jak być wolnymi od nienawiści i egoizmu. Módlmy się o harmonię pomiędzy narodami, aby pomaszerowały ramię w ramię przez bramę nowej sprawiedliwej cywilizacji.

SŁOWO WSTĘPNE

MEDYTACJA JEST nauką Bożego urzeczywistnienia. Jest to najbardziej praktyczna nauka na świecie. Większość ludzi chciałaby medytować, gdyby rozumiała jej wartość i doświadczyła jej zbawiennych efektów. Najwyższym celem medytacji jest osiągnięcie świadomego przebudzenia w Bogu oraz wiekuiste zjednoczenie duszy z Nim. Jakież osiągnięcie mogłoby być bardziej znaczące i użyteczne niż połączenie ograniczonych ludzkich zdolności wraz z wszechobecnością i wszechmocą Stwórcy? Boże urzeczywistnienie przynosi medytującemu błogosławieństwa Bożego pokoju, miłości, radości, mocy i mądrości.

Medytacja wykorzystuje koncentrację w jej najwyższej formie. Koncentracja polega na wyzwoleniu uwagi spod zakłóceń i skupieniu jej na myśli, którą możemy być zainteresowani. Medytacja jest tą specjalną formą koncentracji, w której uwaga została uwolniona od niepokoju i skupiona została na Bogu. A zatem, medytacja jest koncentracją użytą do poznania Boga.[1]

W odpowiedzi na miłość pełnych uniesienia wiernych, Bóg przejawił Siebie w licznych kosmicznych formach. Przejawia Siebie również w prawdzie, w boskich cechach, w zdolnościach twórczych i w pięknie natury, w żywotach wielkich świętych i awatarów (boskich wcieleń) oraz w duszy każdej ludzkiej istoty. A zatem medytacja na jakikolwiek z tych tematów przynosi głębokie urzeczywistnienie wszechobecnego

---

[1] Dokładna instrukcja dotycząca teorii i praktyki naukowych metod medytacji nauczanych przez Paramahansę Joganandę podana została w *Lekcjach Self-Realization Fellowship*.

Medytacje metafizyczne

Absolutu – Tego, który jest wiecznie-istniejącą, wiecznie świadomą, wiecznie-nową Szczęśliwością. A ponieważ medytacja daje bezpośrednie postrzeganie Boga, to wznosi ona praktykę religijną ponad różnice dogmatu.

Książka ta zawiera trzy rodzaje medytacji: modlitwy, czyli miłosne żądania skierowane do Boga, afirmacje na temat Boga lub prawdy oraz duchowe wskazówki i inspiracje, których celem jest dotarcie do naszej świadomości. Wybierz medytację, która odpowiada twoim aktualnym potrzebom. Aby pomóc sobie w skupieniu umysłu na tej duchowej myśli, postępuj zgodnie z następującymi instrukcjami dotyczącymi medytacji: Usiądź na prostym krześle, albo ze skrzyżowanymi nogami na twardej powierzchni. Zachowaj prosty kręgosłup i trzymaj brodę równolegle do podłogi. Z zamkniętymi oczami delikatnie skup wzrok i skoncentruj uwagę na punkcie pomiędzy brwiami. Jest to siedziba koncentracji i duchowego oka, czyli boskiego postrzegania w człowieku. Z uwagą utwierdzoną na tym ośrodku spokoju i koncentracji, praktykuj medytację, którą wybrałeś. Głośno lub w myślach powtarzaj wolno słowa, uważnie skupiając się na nich, dotąd dopóki nie wchłoniesz ich wewnętrznego znaczenia. Medytuj dotąd, aż poczujesz, że koncept, nad którym medytujesz, stał się częścią twojej własnej świadomości.

Pierwszym dowodem obecności Boga jest niewysłowiony spokój. Przechodzi on w radość niepojętą człowiekowi. Kiedy już raz dotrzesz do Źródła prawdy i życia, to cała natura podporządkuje się tobie. Odnajdując Boga wewnątrz, odnajdziesz Go i na zewnątrz, we wszystkich ludziach i wszystkich okolicznościach.

SPIS TREŚCI

Modlitwa o zjednoczony świat vi

Słowo wstępne vii

Jeśli pragniesz jego odpowiedzi (poemat) x

Oddanie i praktyka religijna 3

Medytacje o Bogu 17

Rozszerzanie świadomości 33

O odnajdowaniu Boga 49

O sprawach materialnych 65

O samodoskonaleniu 85

Medytacje bożonarodzeniowe 107

JEŚLI PRAGNIESZ JEGO ODPOWIEDZI
Paramahansa Jogananda

Czy odpowiada, czy nie
Wzywaj Go ciągle —
Wiecznie wołając w komnacie
Nieustającej modlitwy.

Czy przychodzi, czy nie
Wierz, że On zawsze się zbliża
Coraz bardziej do ciebie
Z każdym wezwaniem miłości twego serca.

Czy odpowiada, czy nie
Nadal Go błagaj
Nawet jeśli nie daje odpowiedzi
Takiej, jakiej oczekujesz,
Zawsze wiedz, że w pewien subtelny sposób
On odpowie.

W ciemności Twoich najgłębszych modlitw
Wiedz, że On z tobą bawi się
W chowanego.

I pośród tańca życia,
Chorób i śmierci,
Jeśli nieustannie będziesz Go wzywał,
Niezrażony pozornym milczeniem,
To otrzymasz Jego odpowiedź.

ODDANIE I PRAKTYKA RELIGIJNA

ABY ROZPOCZĄĆ MEDYTACJĘ

ZAMKNIJ DRZWI POWIEK i przerwij dziki taniec kuszących zmysłów. Wpuść umysł do bezdennej studni swojego serca. Skup umysł na sercu, które tętni życiodajną krwią. Skoncentruj swoją uwagę na sercu, dopóki nie poczujesz jego rytmicznego bicia. Wraz z każdym uderzeniem serca poczuj puls wszechmocnego Życia. Wyobraź sobie to samo wszystko-przenikające Życie pukające do drzwi serc milionów ludzkich istot i miliardów innych stworzeń. Bicie serca nieustannie i pokornie oznajmia obecność Nieskończonej Mocy za drzwiami twojej świadomości. Delikatne uderzenia wszystko-przenikającego Życia mówią do ciebie cicho: „Nie zadowalaj się jedynie maleńkim strumyczkiem Mojego życia, ale poszerzaj krąg swoich zdolności odczuwania. Pozwól Mi napełnić twą krew, ciało, umysł, uczucia i duszę pulsowaniem uniwersalnego życia".

ABY PRZEBUDZIĆ MENTALNĄ WOLNOŚĆ

USIĄDŹ NIERUCHOMO z wyprostowanym kręgosłupem. Zakryj rozbiegane gałki oczne zasłonami powiek. Trzymaj je nieruchomo. Następnie uwolnij umysł od świadomości ciężaru ciała. Zrelaksuj struny nerwów, które są przyczepione do ciężkich mięśni i kości ciała. Zapomnij o świadomości noszenia ciężkiego tobołu kości związanego grubym materiałem ciała. Odpoczywaj. Uwolnij umysł od świadomości zwierzęcia pociągowego. Nie myśl o ciężarze ciała, ale czuj, że dusza twoja uwolniona została spod nieustannej materialnej ciężkości. W myślach wzlatuj w wyimaginowanym samolocie wzwyż, w dół, w lewo, w prawo, w nieskończoność, albo tam, dokąd chcesz polecieć. Odczuwaj to i medytuj o tym - o swojej mentalnej wolności od ciała. Śnij, rozpamiętuj i odczuwaj to ponadcielesne wywyższenie, kiedy siedzisz nieruchomo; świadomość wolności będzie nieustannie wzrastać.

UNIWERSALNA MODLITWA

NIECH TWA MIŁOŚĆ płonie wiecznie w sanktuarium mojego oddania, i niech zdołam obudzić Twą miłość we wszystkich sercach.

—⁂—

Ojcze, przyjmij żarliwość mojej duszy, oddanie inkarnacji, wieczną miłość, które trzymałem zamknięte w skarbcu mego serca.

Oddanie i praktyka religijna

Boski Ojcze, w mojej świątyni ciszy stworzyłem ogród dla Ciebie, udekorowany kwiatami mojego oddania.

Z ambitnym sercem, gorliwym umysłem, z płonącą duszą składam u Twych wszechobecnych stóp wszystkie kwiaty mojego oddania.

O Duchu, czczę Ciebie jako piękno i inteligencję w świątyni Natury. Czczę Ciebie jako moc w świątyni aktywności i jako pokój w świątyni ciszy.

BĘDĘ CZEKAŁ NA CIEBIE

W CENTRUM MOJEGO serca mam dla Ciebie mistyczny tron. Świece moich radości płoną przyćmione w nadziei Twego przyjścia. Zapłoną one jaśniej, kiedy się pojawisz. Czy przyjdziesz czy nie, będę czekał na Ciebie dopóty, dopóki moje łzy nie stopią całego ogromu materialnego świata.

Aby Ciebie zadowolić moje wonne miłością łzy opłuczą Twe stopy ciszy. Ołtarz mojej duszy pozostanie pusty dopóty, dopóki nie przyjdziesz.

Nie będę mówił; o nic nie będę Cię prosił.

Medytacje metafizyczne

Uświadomię sobie, że Ty znasz bóle mego serca, kiedy czekam na Ciebie.

Ty wiesz, że się modlę; Ty wiesz, że nie kocham nikogo innego. Mimo to, czy przyjdziesz do mnie czy nie, będę czekał na Ciebie, nawet jeśli zajmie to wieczność.

— ❦ —

Pokonam wszelkie zniechęcenie, aby podjąć potężny wysiłek w celu doświadczenia Boga w medytacji, aż w końcu się On pojawi.

MOJA OFIARA DLA CIEBIE

KAŻDEGO PORANKA ofiarowuję moje ciało, mój umysł oraz wszelkie zdolności, które posiadam, abyś ich mógł używać, O Nieskończony Stwórco, w taki sposób, jaki uznasz za stosowny, abyś przeze mnie wyraził Siebie. Wiem, że wszelka praca jest Twoją pracą, i że żadne zadanie nie jest zbyt trudne ani zbyt niewdzięczne, kiedy ofiarowane jest Tobie w służbie pełnej miłości.

— ❦ —

Oddanie i praktyka religijna

Boska Matko, mówiąc językiem mojej duszy żądam urzeczywistnienia Twej obecności. Tyś jest esencją wszystkiego. Spraw, abym widział Ciebie w każdym włóknie mojej istoty, w każdym pasemku myśli. Przebudź me serce.

Umiłowany Ojcze, moje bezsłowne śpiewy tęsknoty za Tobą będą w rytmie bicia mojego serca. Będę czuł Twą obecność we wszystkich sercach. Będę obserwował jak Twoja ręka działa poprzez prawo grawitacji oraz we wszystkich innych naturalnych siłach. W stąpaniu wszystkich żyjących stworzeń usłyszę Twe kroki.

Niewidzialny Zaklinaczu Dusz, Tyś jest źródłem wypływającym z łona przyjaźni. Tyś jest promieniami sekretnego ciepła, które rozwija pączki uczuć w kwiaty czułych, uduchowionych słów poezji i lojalności.

Kiedy promieniuję sympatią i dobrą wolą do innych, to otwieram kanał, przez który miłość Boga może przyjść do mnie. Boska miłość jest magnesem, który przyciąga wszelkie błogosławieństwa.

Ojcze, wstąp w moją duszę poprzez portale oddania mego serca oraz poprzez żarliwe modlitwy.

Medytacje metafizyczne

Nie będę zbytnio przywiązywał się do rzeczy materialnych, ponieważ spowodowałoby to, że zapomniałbym o Bogu. Utrata dóbr materialnych to nie kara, ale test, byśmy się przekonali czy kochamy dobra materialne bardziej niż Nieskończonego Pana.

Jestem Ci posłuszny w świątyni dyscypliny.
Kocham Cię w świątyni oddania.
Czczę Cię w świątyni mojej miłości.
Dotykam Twych stóp w świątyni ciszy.
Widzę Twe oczy w świątyni zachwytu.
Czuję Cię w świątyni emocji.
Walczę o Ciebie w świątyni aktywności.
Raduję się Tobą w świątyni pokoju.

Wstanę ze świtem i rozbudzę moją śpiącą miłość, aby przebudziła się w świetle prawdziwego oddania dla wewnętrznego Boga-pokoju.

Niebieski Ojcze, w niewidzialnym kościele zbudowanym z granitu oddania, przyjmij skromne dary mego serca, odnawiane codziennie w modlitwie.

Boska Matko, otwórz szeroko pąk mojego oddania i uwolnij jego aromat, tak by mógł rozprzestrzenić się z mojej duszy do wszystkich innych dusz, wiecznie o Tobie szepczących.

Oddanie i praktyka religijna

USŁYSZAŁEM TWÓJ GŁOS

BOSKA MATKO, usłyszałem Twój głos szepczący w aromacie róży. Dotknąłem Twej czułości w miękkości lilii. To szeptami mojego oddania odpowiedziała Twa miłość.

— ❦ —

Chrystus powstał z grobu mojej obojętności i ujrzałem go w świetle mojego oddania. Ja, śpiący syn Boży, wychodzę z więzienia ciała ku niezmierzonej wolności Ducha.

DOZGONNE ODDANIE

O WIELKI KOCHANKU, Tyś jest Życiem, Tyś jest Celem, Tyś jest moim Pragnieniem. Zbaw mnie od Twej *maji*[1] ułudy. Kuś mnie w zamian Twą obecnością. Umiłowany Panie, napełnij moje serce jedynie dozgonnym oddaniem Tobie.

---

1 Zwodnicza zasłona stworzenia, której wielorakość form skrywa Jedną Bezpostaciową Prawdę.

Medytacje metafizyczne

MOJE ŹRÓDŁO CISZY

JEGO ŚMIECH CHWYCIŁ mnie za serce. Jego radość dokonała najazdu na moje smutne serce, gdy bujałem się w hamaku pod sosnami i błękitem.

Poczułem jak poruszyło się niebo i Jego obecność przepłynęła przeze mnie. Moje ciało znieruchomiało; moc ciszy wkopywała się w moje łono, dopóki nie wytrysnęło bezdenne źródło.

Bulgoczące wody mojego źródła podniosły wrzawę i wezwały wszystko co spragnione wokół mnie, aby przyszło i piło z mojego natchnienia. Nagle niezmierzony błękit nadąsał się i zanurzył swoje błękitne usta w źródle mojego serca. Sosny i żeglujące chmury, góry, ziemia i planety, zanurzyły usta w moim źródle szczęśliwości. Wszystkie rzeczy w stworzeniu piły ze mnie. Następnie, zaspokojone zanurkowały w wodach mojej nieśmiertelności. Ich gęste ciała dotknęły przemieniającego zbiornika mojej duszy i stały się oczyszczone i świetliste. Tak jak ziarenka cukru rozpuszczają się w naczyniu z gazowaną wodą, tak i chmurki, wysokie góry, piękno krajobrazu, gwiazdy, jeziora, światy, strumyczki roześmianych umysłów, długie kręte rzeki ambicji wszystkich stworzeń podróżujących wieloma

Oddanie i praktyka religijna

szlakami wcieleń – wszystkie stopiły się w oceanie mojej wszystko-roztapiającej ciszy.

O Boski Pasterzu Nieskończonego Postrzegania, ratuj owieczki moich myśli, zagubione w pustyni i puszczy niepokoju, i prowadź je do Twej owczarni ciszy.

Umiłowany Ojcze, niechaj węgielki mojego oddania żarzą się wiecznie Twą obecnością.

Umiłowany Boże, zerwij lotos mojego oddania z grzęzawiska ziemskiego zapomnienia i noś go na Twej piersi wiecznie czujnej pamięci.

Składam Ci pokłon, O Boże, w świątyni niebios, w świątyni Natury oraz w świątyniach dusz ludzkich braci.

CZCZĘ BOGA WSZĘDZIE

KŁANIAM SIĘ jedynemu nieskończonemu Ojcu, przejawiającemu się w różny sposób w licznych kościołach i świątyniach, z których wszystkie zostały wzniesione ku Jego czci. Czczę jednego Boga spoczywającego na różnych ołtarzach licznych nauk i religijnych wyznań.

Dzisiaj będę czcił Boga w głębokiej ciszy i czekał, aby usłyszeć Jego odpowiedź poprzez mój wzrastający spokój w medytacji.

Połączę moje wewnętrzne nabożne szepty z modlitwami wszystkich świętych i świadomie ofiaruję je w świątyniach ciszy i aktywności, dopóki nie usłyszę Jego szeptów głośno, wszędzie.

Dzisiejszy dzień będzie najlepszym dniem mojego życia. Dzisiaj zacznę z nową determinacją, składać na zawsze moje oddanie u stóp Wszechobecności.

ROZPRZESTRZENIAJĄCA SIĘ MIŁOŚĆ

(Medytuj, rozpamiętuj i odczuwaj to)

MOJE KRÓLESTWO miłości rozprzestrzeni się. Kochałem moje ciało bardziej, niż cokolwiek innego. To dlatego się z nim utożsamiam i jestem przez nie ograniczony. Miłością, którą kochałem moje ciało, będę kochał tych wszystkich, którzy kochają mnie.

Oddanie i praktyka religijna

Rozprzestrzeniającą się miłością tych, którzy mnie kochają, będę kochał tych, którzy są mi bliscy. Miłością dla siebie samego i miłością dla moich bliskich, będę kochał tych, którzy są mi obcy. Użyję całej mojej miłości, aby kochać tych, którzy mnie nie kochają, oraz tych, którzy mnie kochają. Wykąpię wszystkie dusze w mojej bezinteresownej miłości. W morzu mojej miłości pływać będą członkowie mojej rodziny, moi krajanie, wszystkie narodowości, oraz wszystkie istoty. Całe stworzenie, wszelkie miriady maleńkich żyjątek zatańczą na falach mojej miłości.

— ❦ —

Przepajam się wonią Twej obecności i czekam, aby wraz z bryzą przesłać aromat Twego orędzia miłości do wszystkich.

W świątyni miłości mojej ziemskiej matki będę czcił wcieloną miłość Boskiej Matki.

Oczyszczę całe pragnienie miłości i zaspokoję je w świętej boskiej miłości do Ciebie, O Boże!

Umiłowana Nieskończoności, na zawszę będę Cię więził za potężnymi murami mojej dozgonnej miłości.

Medytacje metafizyczne

Czy odpowiesz na moje żądania i modlitwy czy nie, i tak będę zawsze Cię kochał.

O Ojcze, naucz mnie ożywiać moje modlitwy Twą miłością. Pozwól mi uświadomić sobie Twą bliskość w głosie mojej modlitwy.

Wiem, że tuż za zasłoną moich miłosnych żądań, Ty słuchasz niemych słów mojej duszy.

Ujrzę jak Sam Bóg obdarza mnie Swoją boską miłością poprzez wszystkie serca.

Krnąbrny czy posłuszny, jestem Twym dzieckiem. Grzesznik czy święty, jestem Twój.

Naucz mnie pić wiekuisty nektar radości znajdowany w źródle medytacji.

Boski Ojcze, naucz mnie czcić Ciebie na ołtarzu wewnętrznej ciszy i na ołtarzu zewnętrznej aktywności.

Umiłowany Boże, oczyść mnie z brudów. Przepędź na zawsze choroby i ubóstwo ze świata. Przepędź niewiedzę o Tobie z zakątków ludzkich dusz.

MEDYTACJE O BOGU

MEDYTUJ O BOSKIM ŚWIETLE

SPÓJRZ NA światło i zamknij oczy. Zapomnij o otaczającej cię ciemności i obserwuj jasny czerwony kolor pod swoimi powiekami. Patrz intensywnie na fioletowo czerwony kolor. Medytuj o nim i wyobrażaj sobie, że staje się on coraz większy. Postrzegaj wokół siebie przyćmione połyskujące morze fioletowego światła. Jesteś falą światła, falistością spokoju unosząca się na powierzchni morza.

A teraz obserwuj uważnie. Ty, maleńka fala, kołyszesz się na oceanie światła. Twoje maleńkie życie jest częścią przenikającego wszystko Życia. Podczas gdy twoja medytacja się pogłębia, ty, maleńka płytka fala spokoju, stajesz się głębokim, szerokim oceanem spokoju.

Medytuj o myśli: „Jestem falą spokoju". Odczuwaj ogrom tuż poniżej swojej świadomości. Fala powinna czuć pod nią podtrzymujące życie ogromnego oceanu.

OCHRANIAJĄCA BOŻA OBECNOŚĆ

NAUCZ MNIE odczuwać to, że zawsze jestem osłonięty aureolą Twej ochraniającej wszechobecności, podczas narodzin, w smutku, w radości, w aktywności, w medytacji, w niewiedzy, podczas życiowych prób, w śmierci i w ostatecznym wyzwoleniu.

Naucz mnie otwierać bramę medytacji, która jedynie prowadzi do Twej błogosławionej obecności.

Za falą mojej świadomości znajduje się morze kosmicznej świadomości. Pod falistością mojego umysłu znajduje się podtrzymujący ocean Twego ogromu. Jestem ochraniany przez Twój Boski Umysł.

Światło dobroci i Twa ochronna moc wiecznie promieniują we mnie. Nie widziałem ich, bo zamknięte były moje oczy mądrości. Teraz Twe dotknięcie pokoju otwarło je. Twa dobroć i niezawodna ochrona płyną przeze mnie.

BĘDĘ GŁOSIŁ TWĄ CHWAŁĘ

O NIEBIESKI OJCZE, będę głosił Twą chwałę, piękno Twego raju w nas. Niechaj zamieszkam w ogrodzie duchowego szczęścia i szlachetnych myśli, i zostanę na zawsze napełniony aromatem Twej miłości.

Medytacje o bogu

O Duchu, uczyń moją duszę Swą świątynią, ale moje serce uczyń Swym ukochanym domem, gdzie mógłbyś zamieszkać ze mną w pokoju i wiecznym zrozumieniu.

Czyż nie zechcesz otworzyć Swych milczących ust i nie wyszepczesz dla mojej duszy nieustających przewodnich myśli?

Umiłowany Panie, naucz mnie odczuwać, że to Tyś jest wyłączną aktywującą mocą, i że w uznaniu Ciebie, jako Sprawcy, kryje się wartość wszystkich moich życiowych doświadczeń. Naucz mnie postrzegać Ciebie, jako jedynego przyjaciela, który pomaga i zachęca mnie poprzez moich ziemskich przyjaciół.

Niebieski Ojcze, od dzisiaj będę się starał poznać Ciebie; uczynię wysiłek ku rozwijaniu przyjaźni z Tobą. Wszystkie moje obowiązki będą wykonywane z myślą, że poprzez nie urzeczywistniam Ciebie, i w ten sposób sprawiam Ci przyjemność.

Życie przez cały czas jest walką o radość. Niechaj walczę, aby wygrać tę bitwę dokładnie w tym miejscu, gdzie się teraz znajduję.

Medytacje metafizyczne

Kiedy przyjdzie do mnie strach, gniew lub jakikolwiek rodzaj cierpienia, to będę na nie patrzył z pozycji obserwatora. Oddzielę siebie od moich doświadczeń. Za wszelką cenę będę dążył do zachowania spokoju i szczęścia.

Umiłowany Ojcze, uświadamiam sobie, że pochwała nie czyni mnie lepszym, a nagana gorszym. Jestem tym, kim jestem wobec mojego sumienia i Ciebie. Będę dalej podróżował, czyniąc wszystkim dobro i zawsze starając się zadowolić Ciebie, bo w ten tylko sposób odnajdę prawdziwe szczęście.

ZABIERZ TĘ CIEMNOŚĆ

KOSMICZNA MATKO, ZABIERZ tę ciemność! Gdy siedzę z zamkniętymi oczami, spowity w stworzone przeze mnie samego cienie, spraw, aby buchnęła na mnie w całym splendorze aurora intuicji.[1]

Boska Matko, rozsuń kyjącą Cię błyszczącą

---

[1] Zrozumienie wiedzy pochodzące bezpośrednio i spontanicznie z duszy, a nie z niepewnego medium zmysłów lub rozumu.

kurtynę Twego kosmicznego filmu i pokaż mi Swą rozpraszającą złudzenie miłosierną twarz.

O płomienne Światło! Przebudź moje serce, przebudź moją duszę, rozświeć ciemność, rozedrzyj zasłonę ciszy i napełnij moją świątynię Twą chwałą.

Niebieski Ojcze, zniszcz w nas błędne myśli wieków – że jesteśmy kruchymi ludzkimi istotami. Objaw Siebie jako światło w naszym rozumie: głęboki płomień mądrości.

NAUCZ MNIE CZCIĆ CIEBIE

UMIŁOWANY OJCZE, NAUCZ mnie tajemnicy mojego istnienia! Naucz mnie czcić Ciebie w bezdechu i w nieśmiertelności. W ogniu oddania wypal moją niewiedzę. W spokoju mojej duszy, przyjdź, Ojcze, przyjdź! Posiądź mnie i spraw, że poczuję, wewnątrz i wokół mnie, Twą nieśmiertelną obecność.

W samotności mojego umysłu tęsknię za tym, aby usłyszeć Twój głos. Zabierz sny ziemskich dźwięków, które jeszcze czają się w mojej pamięci. Chcę

Medytacje metafizyczne

usłyszeć Twój cichy głos wiecznie śpiewający w ciszy mej duszy.

Mój Panie, skoro Tyś jest wszechobecny, to musisz być obecny i we mnie. Ty posiadasz wszechmoc i wszechwiedzę; one również są atrybutami mojej duszy. Niechaj będę w stanie rozwinąć choćby fragment Tego, co zawiera moja Jaźń.

BĘDĘ PIŁ TWĄ RADOŚĆ

BĘDĘ PIŁ witalność ze złotych źródeł promieni słonecznych; będę pił pokój ze srebrnego źródła księżycowych nocy; będę pił Twą moc z potężnego kielicha wiatru; będę pił Twą świadomość, jako radość i szczęśliwość ze wszystkich maleńkich kielichów moich myśli.

—✿—

W Twym błogosławionym świetle pozostanę na zawsze przebudzonym, obserwując Twą drogocenną, wszechobecną twarz z wiecznie bacznymi oczami poprzez wszystkie eony wieczności.

Poszukiwałem Bożej miłości w jałowej suchości

Medytacje o bogu

zwykłego uczucia. Błąkając się po pustyniach zawodnej ludzkiej sympatii, w końcu odnalazłem niewyczerpaną oazę boskiej miłości.

Ojcze, naucz mnie jak odzyskać należne mi od urodzenie prawo i żyć jak nieśmiertelnik.

O boski Przyjacielu! Chociaż ciemność mojej niewiedzy jest tak stara jak świat, pomimo to spraw, abym uświadomił sobie, że wraz ze świtem Twego światła ciemność ta zniknie, tak jakby jej nigdy nie było.

Czymże jest to życie płynące w moich żyłach? Czyżby mogło być inne niż boskie?

Niebieski Ojcze, zstąp we mnie. Spraw bym odczuł, że jesteś obecny w moim mózgu, w moim kręgosłupie i w moich najgłębszych myślach. Kłaniam się Tobie.

Zagubiłem się, Ojcze, na pustkowiach błędnych wierzeń; nie mogę odnaleźć domu. Wzejdź na ciemności mojego mentalnego nieba i bądź gwiazdą polarną mojego poszukującego po omacku umysłu. Prowadź mnie do Siebie, któryś jest moim Domem.

Naucz mnie, O Chryste, jak zbawić zaprzedany materii umysł, żebym mógł go dać Tobie w modlitwie i w ekstazie, w medytacji i w zadumie.

OBJAW SIEBIE

PRZYJDŹ OJCZE, objaw ogromne królestwo Swej obecności! Objaw Siebie! Naucz moje serce jak się modlić; naucz moją duszę odczuwać, że wszystko jest możliwe i że Ty się objawisz.

O Kosmiczne Światło, codziennie widzę Ciebie jak malujesz niebo na jasne kolory. Obserwuję Ciebie jak ubierasz nagą ziemię w zieloną trawę. Tyś jest w cieple promieni słońca. Och, jesteś tak wyraźnie wszędzie obecny! Kłaniam się Tobie.

Naucz mnie widzieć Twą twarz w lustrze mego wewnętrznego spokoju.

Boski Umiłowany, spraw abym pojął, natychmiast i na zawsze, że byłeś i jesteś moim, wiecznie moim. Błędne sny przeminęły, pogrzebane

Medytacje o bogu

w krypcie zapomnienia. Jestem przebudzony, wygrzewając się w słonecznych promieniach życia w Tobie.

Ocean Bożego bogactwa przepływa przez mnie. Jestem Jego dzieckiem. Jestem kanałem, przez który przepływa wszelka twórcza moc. Pobłogosław mnie Ojcze, abym nade wszystko poszukiwał najpierw Ciebie, tak jak przystoi to Twemu prawdziwemu dziecku.

Umiłowany Boże, niechaj kwiaty oddania rozkwitają w ogrodzie mego serca, kiedy oczekuję świtu Twego przyjścia.

Drogi Ojcze, otwórz wszystkie okna wiary, tak bym mógł ujrzeć Ciebie w pałacu pokoju. Otwórz na oścież drzwi ciszy, tak bym mógł wejść do Twej świątyni szczęśliwości.

Umiłowany Boże, ochraniaj niebiańską świątynię mego umysłu, przed wkroczeniem do niej nieustępliwych wojowników złych myśli.

Wiem, że odpowiedzialny jestem za moje własne dobro. A zatem porzucę wszelkie bezużyteczne

Medytacje metafizyczne

zainteresowania i próżne myśli, abym mógł codziennie znaleźć czas dla Boga.

Mój Niebieski Ojcze, Ty jesteś Miłością, a ja jestem stworzony na Twe podobieństwo. Jestem kosmiczną sferą miłości, w której widzę wszystkie planety, wszystkie gwiazdy, całe stworzenie, jako połyskujące światła. Jestem Miłością, która oświetla cały wszechświat.

O Fontanno Miłości! Spraw, abym poczuł, że moje serce, tonie w Twej wszechobecnej miłości.

Spraw, O Boże, żebym mógł dać Ciebie wszystkim!

Ojcze Serc, przebudź we mnie na wieki świadomość Twej przepełnionej miłością obecności.

Boski Ojcze, naucz mnie pogrążać się raz za razem w medytacji, coraz to głębiej, aż znajdę Twe nieśmiertelne perły mądrości i boskiej radości.

Na tronie cichych myśli Bóg pokoju kieruje dzisiaj moimi działaniami. Wprowadzę mych braci do świątyni Boga przez drzwi mojego spokoju.

Medytacje o bogu

Czy jestem małą, czy też dużą falą istnienia, podtrzymuje mnie ten sam Ocean Życia.

Będę myślał, aż znajdę ostateczną odpowiedź. Zamienię moc myśli w reflektor, którego jasność odkryje twarz Wszechobecności.

Naucz mnie myśleć o Tobie tak, że staniesz się moją jedyną myślą.

O Ojcze, bez względu na to, jakie przyjdą próby, niechaj zawsze zniosę je radośnie dzięki odczuwaniu Twej obecności w mym sercu. W ten sposób wszystkie tragedie i komedie życia będą wydawały się niczym innym jak dramatami ekstatycznej rozrywki.

Ojcze, przenieś mą świadomość z mych ograniczeń, sugerowanych przez innych i przez moje własne myśli o słabości, na urzeczywistnienie prawdy, że ja, Twoje dziecko, jestem właścicielem Twego królestwa nieskończonych dóbr.

O Fontanno Płomienia, niechaj Twe światło utrwali się we mnie, wokół mnie, wszędzie.

Prawdziwy jogin odczuwa bicie swego serca we

wszystkich sercach; swój umysł we wszystkich umysłach; swą obecność we wszelkim ruchu. Będę prawdziwym joginem.

O Ojcze, pokaż mi autostradę, która prowadzi do Ciebie. Daj mi eksplodujące aspiracje serca. W echu oddania naucz mnie słyszeć Twój głos.

W ciszy mej duszy pokornie kłaniam się przed Twą wszechobecnością, wiedząc, że Ty wiecznie prowadzisz mnie naprzód i wzwyż na ścieżce Samourzeczywistnienia.

O Panie, Twa miłość płynąca przez ludzkie serca zwabiła mnie, abym odnalazł źródło doskonałej miłości w Tobie.

Boski Duchu, będę Ciebie poszukiwał dopóty, dopóki Ciebie nie znajdę. Odnajdując Ciebie z czcią przyjmę wszelkie dary, które pragniesz mi dać. Ale poprzez wieczność nie proszę o nic innego z wyjątkiem kompletnego daru Samego Ciebie.

Przybywam do Ciebie ze złożonymi dłońmi, pochyloną głową i sercem przepełnionym mirrą czcigodności.

Medytacje o bogu

Tyś jest moimi Rodzicami; ja jestem Twym dzieckiem. Tyś jest moim Mistrzem; będę posłuszny cichemu rozkazowi Twego głosu.

ROZSZERZANIE ŚWIADOMOŚCI

DOSTRÓJ SIĘ DO KOSMICZNEGO DŹWIĘKU

SŁUCHAJ kosmicznego dźwięku *Aum*, wielkiego poszumu niezliczonych atomów, w czułej prawej stronie głowy. Jest to głos Boga. Poczuj jak dźwięk rozprzestrzenia się przez mózg. Usłysz jego tętniący ryk.

Następnie usłysz i poczuj jak napływa on do kręgosłupa, wyważając drzwi serca. Poczuj jak rezonuje poprzez każdą tkankę, każde uczucie, każdą strunę twoich nerwów. Każda krwinka, każda myśl tańczy na morzu ryczącej wibracji.

Obserwuj rozprzestrzeniającą się wysokość kosmicznego dźwięku. Przepływa on przez ciało i umysł do ziemi i otaczającej atmosfery. Ty przenosisz się z nim, w bezpowietrzny eter i miliony wszechświatów materii.

Medytuj o rozszerzającej się rozpiętości kosmicznego dźwięku. Przeszedł on przez fizyczne wszechświaty ku subtelnym lśniącym żyłom promieni, które utrzymują całą przejawioną materię.

Medytacje metafizyczne

Kosmiczny dźwięk miesza się z milionami wielokolorowych promieni. Kosmiczny dźwięk wkracza w królestwo promieni kosmicznych. Słuchaj, postrzegaj i poczuj uścisk kosmicznego dźwięku i wiekuistego światła. Teraz kosmiczny dźwięk przebija się przez ogniska kosmicznej energii i razem stapiają się wewnątrz oceanu kosmicznej świadomości i kosmicznej radości. Ciało stapia się we wszechświat. Wszechświat stapia się w bezdźwięczny głos. Dźwięk stapia się w jarzące światło. A światło wnika w łono nieskończonej radości.

KOSMICZNE MORZE

KIEDY ODKRYJESZ, że twoja dusza, twoje serce, każde pasemko inspiracji, każda drobinka ogromnego błękitnego nieba i jego lśniące gwiezdne kwiaty, góry, ziemia, lelek, hiacynty, są wszystkie powiązane razem jedną struną rytmu, jedną struną radości, jedną struną jedności, jedną struną Ducha, to będziesz wtedy wiedział, że wszystkie one są jedynie falami na Jego kosmicznym morzu.

WCHODZĘ DO WEWNĄTRZ

BYŁEM więźniem niosącym wielki ciężar kości i mięśni, ale zerwałem łańcuchy ograniczonego nimi

Rozszerzanie świadomości

ciała dzięki potędze wypoczynku. Jestem wolny. Teraz spróbuję wejść do wewnątrz.

Czarujące piękno krajobrazu, zaprzestań swojego tańca przed moimi oczami! Nie rozpraszaj mojej uwagi!

Urocze melodie, nie ujarzmiajcie umysłu hulankami ziemskich pieśni!

Natrczywe syreny słodkich doznań, nie paraliżujcie moich świętych intuicji swoim kuszącym dotykiem! Niechaj moja medytacja pędzi ku słodkiemu alkierzowi wiecznej boskiej miłości.

Nęcące aromaty bzu, jaśminu i róż, nie zatrzymujcie zmierzającego do domu umysłu!

Kuszące uwodzicielki zmysłów nareszcie odeszły. Powrozy ciała zostały zerwane. Uścisk zmysłów rozluźnił się. Robię wydech i zatrzymuję burzę oddechu; fale myśli rozmywają się.

Siedzę na ołtarzu mojego pulsującego serca. Obserwuję huczący i krzyczący potok siły życiowej przepływającej przez serce do ciała. Skręcam do tyłu,

Medytacje metafizyczne

w kierunku kręgosłupa. Uderzenia i huk serca ustają. Tak jak ukryta święta rzeka, moja siła życiowa wpływa w wąwóz kręgosłupa. Wchodzę w przyćmiony korytarz przez drzwi duchowego oka i podążam nim, aż w końcu rzeka siły życiowej dopływa do oceanu Życia i zatraca się w szczęśliwości.

Mignął mi boski ogrom w nieboskłonach cichości. Jego radości zasmakowałem w źródłach mojego istnienia. Jego głos usłyszałem w mojej przebudzonej świadomości.

Świadomie przyjmę światło wszechobecnego Ojca, które nieustannie przeze mnie przenika.

O Ojcze, przełam granice maleńkich fal mojego życia, tak bym mógł połączyć się z oceanem Twego ogromu.

EKSPANSJA W WIECZNOŚĆ

WIECZNOŚĆ ZIEJE na mnie z dołu, z góry, z lewa, z prawa, z przodu i z tyłu, od wewnątrz i na zewnątrz.

Rozszerzanie świadomości

Z otwartymi oczami widzę samego siebie jako maleńkie ciało. Z zamkniętymi oczami postrzegam siebie jako kosmiczne centrum, wokół którego obraca się sfera wieczności, sfera szczęśliwości, sfera wszechwiedzącej, żyjącej przestrzeni.

Odczuwam Pana jako delikatny oddech szczęśliwości w moim ciele wszechświatów. Postrzegam Go przeświecającego przez jaskrawe migotanie wszelkiej światłości oraz przez fale kosmicznej świadomości.

Postrzegam Go jako światło słonecznej inspiracji utrzymujące luminarzy moich myśli w rytmie równowagi.

Odczuwam Go jako eksplodujący głos, który prowadzi, wskazuje, potajemnie naucza w świątyniach dusz wszystkich ludzi i całego stworzenia.

On jest źródłem mądrości i promiennej inspiracji przepływającej przez wszystkie dusze. On jest aromatem wydobywającym się kadzidlanej wazy wszystkich serc. On jest ogrodem niebiańskich kwiatostanów oraz jaskrawych kwiatów-myśli. On jest miłością, która inspiruje miłosne marzenia.

Medytacje metafizyczne

Czuję jak przenika przez moje serce, przez wszystkie serca, przez pory ziemi, przez niebo, przez wszystko co jest stworzone. On jest wiekuistym mechanizmem radości. On jest lustrem ciszy, w którym odbija się całe stworzenie.

Moje ziemskie doświadczenia służą jako proces destrukcji ograniczających doczesnych złudzeń. W Bogu urzeczywistniają się nawet najbardziej „niemożliwe" marzenia. („…dam mu też gwiazdę poranną". – Apokalipsa 2:28).

Zanurzam się w Twym wiekuistym świetle; ono przenika każdą cząstkę mojej istoty. Żyję w tym świetle. Boski Duchu, widzę jedynie Ciebie, wewnątrz i na zewnątrz.

Zamknę moje fizyczne oczy i oddalę pokusy materii. Będę wpatrywał się bacznie w ciemność ciszy, dopóki oczy względności nie otworzą się jako jedno wewnętrzne oko światła. Kiedy dwoje moich oczu, które widzą zarówno dobro jak i zło, staną się pojedynczym okiem i dostrzegać będą we wszystkim jedynie boską dobroć Boga, wtedy zobaczę, że moje

Rozszerzanie świadomości

ciało, umysł i dusza napełnione są Jego wszechobecnym światłem.

Rzeczywistość mojego życia nie może umrzeć, bo jestem niezniszczalną świadomością.

Wszelkie zasłony mojego zewnętrznego życia w niewiedzy spłonęły w świetle przebudzenia w Chrystusie, i dostrzegam Inteligencję dzieciątka Jezus utuloną w płatkach róż, w splocie świateł i w miłosnych myślach wszystkich prawdziwych serc.

Jestem nieskończony. Jestem bezkresny. Jestem niestrudzony. Jestem ponad ciałem, myślą i wyrażaniem; ponad całą materią i umysłem. Jestem nieskończoną szczęśliwością.

Ocean Ducha stał się maleńkim bąbelkiem mojej duszy. Czy unoszący się w narodzinach, czy znikający w śmierci, w oceanie kosmicznej świadomości, bąbelek mojego życia nie może umrzeć. Jestem niezniszczalną świadomością, chronioną w łonie nieśmiertelności Ducha.

Nie jestem już falą świadomości, która myśli o sobie, że jest oddzielona od morza kosmicznej świadomości. Jestem oceanem Ducha, który stał się falą ludzkiego życia.

Tak jak cicha niewidzialna rzeka płynąca pod pustynią, płynie ogromna bezwymiarowa rzeka Ducha, przez piaski czasu, przez piaski doświadczenia, przez piaski wszystkich dusz, przez piaski wszystkich żywych atomów, przez piaski całej przestrzeni.

O Ojcze, Tyś jest świętą wieczną radością. Tyś jest radością, której poszukuję, Tyś jest radością duszy. Naucz mnie czcić Ciebie poprzez radość zrodzoną z medytacji.

ŚWIĘTY DŹWIĘK AUM

NAUCZ MNIE słyszeć Twój głos, Ojcze, kosmiczny głos, który rozkazał wszystkim wibracjom, by się przejawiły. Przejaw mi się jako *Aum*, kosmiczna pieśń wszystkich dźwięków.

O Święty Duchu, święta wibracjo *Aum*, poszerz moją świadomość, kiedy słucham twego wszechobecnego dźwięku. Spraw, żebym poczuł, że jestem zarówno kosmicznym oceanem, jak i maleńką falą cielesnej wibracji w nim.

Rozszerzanie świadomości

O wszechobecny kosmiczny dźwięku *Aum,* rozbrzmiewaj przeze mnie, rozszerzając moją świadomość z ciała na wszechświat i naucz mnie odczuwać w Tobie wszystko-przenikającą wieczną szczęśliwość.

O nieskończona Energio, nieskończona Mądrości, doładuj mnie Twą duchową wibracją.

O kosmiczny dźwięku *Aum*, pokieruj mną, bądź ze mną, poprowadź mnie z ciemności do światła.

LECĘ DO DOMU

ŻEGNAJ, BŁĘKITNY domu nieba. Żegnajcie, gwiazdy, niebiańscy celebryci i wasze dramaty na ekranie przestrzeni. Żegnajcie, kwiaty z waszymi pułapkami piękna i aromatu. Nie zatrzymacie mnie już dłużej. Lecę do Domu.

Adieu dla ciepłych objęć słonecznych. Żegnaj, chłodna, kojąca, dająca komfort bryzo. Żegnaj, rozrywkowa ludzka muzyko.

Pozostawałem długo z wami hulając, tańcząc z różnorodnie przebranymi myślami, pijąc wino moich uczuć i przyziemnej woli. Teraz porzuciłem już odurzenie ułudy.

Żegnajcie, mięśnie, kości i cielesne ruchy. Żegnaj, oddechu. Wyrzucam cię z mojej piersi. Adieu, bicie serca, emocje, myśli i wspomnienia. Lecę do Domu w samolocie ciszy. Lecę, by odczuć bicie mego serca w Nim.

Wznoszę się w samolocie świadomości ponad, poniżej, z prawej z lewej, wewnątrz i na zewnątrz, by przekonać się, że w każdym zakątku mojego domu--przestrzeni zawsze pozostawałem w świętej obecności mojego Ojca.

JESTEM WE WSZYSTKICH MIEJSCACH

WIDZĘ OCZAMI wszystkich. Pracuję rękami wszystkich, chodzę stopami wszystkich. Brązowe, białe, oliwkowe, żółte, czerwone i czarne ciała, wszystkie należą do mnie.

Myślę wszystkimi umysłami, śnię poprzez wszystkie sny. Odczuwam poprzez wszystkie uczucia. Kwiaty radości rozkwitające na polach wszystkich serc należą do mnie.

Jestem wiekuistym śmiechem. Moje uśmiechy tańczą na wszystkich twarzach. Jestem falami entuzjazmu we wszystkich zestrojonych z Bogiem sercach.

Jestem wiatrem mądrości, który wysusza westchnienia i smutki całej ludzkości. Jestem cichą radością życia przepływającą przez wszystkie istoty.

Niebieski Ojcze, naucz mnie znajdować wolność w Tobie, tak abym zrozumiał, że nic na tej ziemi nie należy do mnie; wszystko należy jedynie do Ciebie. Naucz mnie rozumieć, że mój dom to Twa wszechobecność.

O Kosmiczna Ciszo, słyszę Twój głos poprzez szeptanie strumyków, piosenkę słowika, brzmienie konchy, uderzenia fal oceanu i szum wibracji.

Umiłowany Boże, czczę Ciebie już nie słowami, ale palącym płomieniem miłości mego serca.

Naucz mnie dostrzegać Twój ogrom, Twą niezmienność we wszystkich rzeczach, tak bym mógł

Medytacje metafizyczne

postrzegać samego siebie jako część Twej niezmiennej Istoty.

O potężny Oceanie, modlę się, żeby rzeki mych pragnień, wijące się poprzez wiele pustyń trudności, mogły w końcu połączyć się w Tobie.

Spopielę całą przestrzeń i przetoczę się po jej łonie, nietknięty i nieśmiertelny. Zanurkuję w nieskończoność, nigdy nie osiągając końca. Będę rozniecał i rozprzestrzeniał śmiech wszędzie, we wszelkim ruchu i w nieruchomej pustce.

Przebudź mnie, Ojcze Niebieski, po to bym mógł powstać z ciasnego grobu ciała ku świadomości mojego kosmicznego ciała.

O nieśmiertelna Miłości, zjednocz moją miłość ze Swą miłością, zjednocz moje życie ze Swą radością, a mój umysł z Twą kosmiczną świadomością.

Nie pozwól, bym dostrzegał cokolwiek innego oprócz piękna, nic innego oprócz dobra, nic oprócz Twego nieśmiertelnego źródła szczęśliwości.

O Boska Matko, w przedsionku stworzenia

Rozszerzanie świadomości

wszędzie słyszę rytm Twych kroków, dziko tańczących w gromkim grzmocie i delikatnie w pieśni atomów.

WYJAŚNIENIE „AUM" I „ŚWIADOMOŚCI CHRYSTUSOWEJ"

W *Autobiografii jogina*, Paramahansa Jogananda mówi: „*Lecz Pocieszyciel, Duch Święty, którego Ojciec pośle w imieniu moim, nauczy was wszystkiego i przypomni wam wszystko, co wam powiedziałem*" (Jan 14:26). Powyższe słowa biblijne odnoszą się do troistej natury Boga, jako Ojca, Syna i Ducha Świętego. (*Sat, Tat, Aum* w pismach hinduskich).

„Bóg Ojciec jest Absolutem Nieprzejawionym, istniejącym *poza* światem wibracyjnym. Bóg Syn jest Chrystusową Świadomością istniejącą wewnątrz wibracyjnego stworzenia; Chrystusowa Świadomość jest «jednorodzonym», czyli wyłącznym odzwierciedleniem Niestworzonej Nieskończoności.

„Zewnętrznym przejawem wszechobecnej Chrystusowej Świadomości, jego «świadkiem» (Apokalipsa 3:14), jest *Aum* (*Om*), Słowo, czyli Duch Święty: niewidzialna boska moc, jedyny wykonawca,

Medytacje metafizyczne

wyłączna przyczynowa i aktywizująca siła, która podtrzymuje całe stworzenie poprzez wibrację. *Aum*, radosny Pocieszyciel jest słyszany w medytacji i objawia wiernemu najwyższą prawdę, «przypominając wszystko, co było powiedziane»".

O ODNAJDOWANIU BOGA

O ROZPRZESTRZENIANIU FAL POKOJU

SKUP UMYSŁ wewnętrznie pomiędzy brwiami na bezbrzeżnym jeziorze pokoju. Obserwuj wokół siebie wiekuisty krąg falującego spokoju. Im intensywniej będziesz obserwował, tym bardziej będziesz odczuwał maleńkie fale spokoju rozchodzące się od punktu między brwiami w kierunku czoła, od czoła do serca i dalej, do każdej komórki twojego ciała. Teraz wody spokoju przelewają się przez brzegi ciała i zalewają ogromne terytorium umysłu. Powódź spokoju przelewa się poprzez granice umysłu i zmierza w kierunkach nieskończoności.

— ❧ —

O Panie, pozwól mi mieczem pokoju przebić się przez zmagania ciężkich prób.

Jestem księciem wiecznego pokoju w dramacie smutnych i szczęśliwych snów na scenie doświadczenia.

Medytacje metafizyczne

POKÓJ

Pokój przepływa przez me serce, i wionie
  przeze mnie niczym zefir.
Pokój napełnia mnie jak aromat.
Pokój przenika przeze mnie jak promienie.
Pokój uderza w serce hałasu i zmartwień.
Pokój przepala się przez moje zaniepokojenie.
Pokój, jak kula ognista, rośnie i wypełnia moją
  wszechobecność.
Pokój, jak ocean, przetacza się w całej
  przestrzeni.
Pokój, jak czerwona krew, odżywia żyły moich
  myśli.
Pokój, jak bezkresna aureola, otacza moje
  ciało nieskończoności.
Płomienie pokoju buchają przez pory mojego
  ciała i przez całą przestrzeń.
Wonie pokoju unoszą się nad ogrodem
  kwiatowym.
Winorośl pokoju przepływa nieustannie przez
  winną prasę wszystkich serc.
Pokój to oddech kamieni, gwiazd i mędrców.

O odnajdowaniu boga

Pokój to ambrozja Ducha wypływająca
z antału ciszy,

Którą spijam łapczywie mymi niezliczonymi usteczkami atomów.

MEDYTACJA CISZY

MOJA CISZA, jak rosnąca sfera, rozprzestrzenia się wszędzie.

Moja cisza rozprzestrzenia się jak radiowa piosenka, powyżej, poniżej, w lewo i prawo, wewnątrz i na zewnątrz.

Moja cisza rozprzestrzenia się jak gwałtowny pożar szczęśliwości; ciemna gęstwina smutku i wysokie dęby dumy spalają się doszczętnie.

Moja cisza jak eter, przenika przez wszystko, unosząc pieśni ziemi, atomów i gwiazd do sal Jego nieskończonego pałacu.

— ❧ —

Nie pozwól mi odurzać się opiatami niepokoju.

Medytacje metafizyczne

W biciu serca odczuwam obecność Boskiego pokoju.

Wypełnię serce me pokojem medytacji. Napełnię radością, płynącą z mojego serca, spragnione pokoju dusze.

Wszystkie osoby, które osiągnęły duchowy sukces, takie jak Jezus, Babadżi, Lahiri Mahasaja, Śri Yukteswar, Swami Szankara i inni mistrzowie są manifestacjami naszego Jedynego Ojca, Boga. Cieszę się myślą, że moja duchowa ambicja urzeczywistnienia jedności z Bogiem jest tą samą, która została osiągnięta przez wszystkich wielkich mistrzów.

Każdego dnia będę medytował głębiej niż wczoraj. Każdego jutra będę medytował głębiej niż dzisiaj. Będę medytował przez większość mojego wolnego czasu.

O Panie, z pomocą delikatnego dotyku intuicji dostroję moje duchowe radio i oczyszczę umysł z szumów niepokoju, tak abym mógł usłyszeć Twój głos kosmicznej wibracji, muzykę atomów i melodię miłości wibrującą w mojej nadświadomości.

O odnajdowaniu boga

Dzisiaj będę Cię poszukiwał, Ojcze, w wiecznie wzrastającej szczęśliwości medytacji. Będę odczuwał Cię, jako niezmierną radość pulsująca w moim sercu. Odnajdując Ciebie, odnajdę wszystko, czego pragnę poprzez Ciebie.

Naucz mnie odnajdywać Twą obecność na ołtarzu nieustannego pokoju i w radości, która rodzi się w głębokiej medytacji.

Pobłogosław mnie, abym odnalazł Cię w świątyni każdej myśli i działania. Odnajdując Ciebie wewnątrz, odnajdę Ciebie i na zewnątrz, we wszystkich ludziach i okolicznościach.

Naucz mnie odczuwać, że to Twój uśmiech przejawia się w świcie, na ustach róż i na twarzach szlachetnych mężczyzn i kobiet.

PŁOMIENNA OBECNOŚĆ BOGA

PORZUCĘ farsę modlenia się jak papuga. Będę modlił się głęboko dopóty, dopóki ciemność medytacji nie zapłonie Twą płomienną obecnością.

Niebieski Ojcze, nie mogę czekać do jutra na Twą

pieśń. Dzisiaj wyślę w eter przekaz duchowy z tak pełną miłości koncentracją, że będziesz musiał odpowiedzieć poprzez odbiornik mojej ciszy.

O Duchu! Wiecznie istniejąca, wiecznie świadoma, wiecznie nowa Szczęśliwości! Usuń z mojego umysłu ciężar obojętności i zapominalstwa. Niechaj piję nektar Twej wiecznie radosnej obecności.

Wraz z pogłębiającą się wewnętrzną i zewnętrzną ciszą, Twój pokój przychodzi do mnie. Zawsze będę starał się słyszeć echo Twych kroków.

Posiadając Ciebie, jako najgłębszą radość najgłębszej medytacji, wiem, że wszystko – dobrobyt, zdrowie i mądrość – zostaną mi dodane.

Naucz mnie łowić Ciebie w najgłębszych wodach mej duszy.

ZNAJDŹ BOGA W RADOŚCI

BEZ WZGLĘDU NA to, co jest jego przyczyną, za każdym razem, kiedy maleńki bąbelek radości pojawi się w twym niewidzialnym morzu świadomości, schwyć go, i nieustannie go powiększaj. Medytuj

O odnajdowaniu boga

o nim, a on będzie rósł coraz większy. Nie zwracaj uwagi na ograniczenia małego bąbelka swej radości, ale nieustannie powiększaj go, dopóki nie urośnie, coraz większy i większy. Ciągle dmuchaj na niego wewnętrznym oddechem koncentracji, dopóki nie rozprzestrzeni się nad oceanem nieskończoności w twej świadomości. Ciągle dmuchaj na bąbelek radości, dotąd aż rozerwie ograniczające go ściany i stanie się morzem radości.

— ❧ —

W dźwięku wioli, fletu i niskotonowych organów słyszę głos Boga.

Wewnątrz duszy znajduje się radość, której poszukuje moje ego. Nagle staję się świadomy Jego szczęśliwości, jak miodowego plastra w ulu ciszy. Włamię się do ula tajemnej ciszy i napiję się miodu nieustannej szczęśliwości.

MÓJ UMIŁOWANY WZYWA MNIE

KWIATAMI, JASNYM niebem, boską manną radości w szczęśliwych umysłach, duszami pełnymi mądrości, pieśniami ptaków, boskimi melodiami w sercach

Medytacje metafizyczne

ludzi, mój umiłowany wzywa mnie, abym skierował me kroki do Jego domu wewnętrznego spokoju.

— ❦ —

Będę poszukiwał królestwa Bożego w radości powstającej ze stałej, długiej, ciągłej medytacji. Świadomie będę starał się odnaleźć Pana wewnątrz, i nie zadowolę się wyobrażonymi inspiracjami, które pochodzą z krótkiej, niespokojnej ciszy. Będę medytował coraz głębiej, dopóki nie odczuję Jego obecności.

Poprzez urzeczywistnienie Boga zostanę ponownie zaakceptowany jako Jego dziecko. Bez proszenia czy żebrania otrzymam wszelkie bogactwa, zdrowie i mądrość.

O Aromacie wszystkich serc i wszystkich róż, nieważne jak wiele dni przygniatającego smutku przekroczy próg mego życia, aby mnie sprawdzać i doświadczać. Poprzez Twe błogosławieństwo niechaj przypominają mi o błędach, które trzymały mnie z daleka od Ciebie.

Protektorze Wszystkich, nie dbam o to, czy wszystko co mam będzie mi odebrane przez los,

O odnajdowaniu boga

który sam sobie zgotowałem; będę tylko żądał od Ciebie, Mój jedyny, abyś strzegł nikłego płomienia mej miłości do Ciebie.

O wspaniała Wszechobecności, nie pozwól, żeby ogień pamięci o Tobie został zagaszony przez podmuchy zapomnienia powstające z trąb powietrznych mej przyziemności.

Dzięki medytacji powstrzymam burzę oddechu, psychicznego niepokoju i zmysłowych zakłóceń szalejących po jeziorze umysłu. Dzięki modlitwie i medytacji zaprzęgnę mą wolę i aktywność do osiągnięcia właściwego celu.

MÓJ WSZECHOBECNY TRON

ZSTĄPIŁEM z mojego wszechobecnego tronu miłości w łonie przestrzeni i w sercach mrugających światełek, aby znaleźć przytulne miejsce w sercu człowieka. Zatrzymałem się tam na długo, odcięty od mojego wielkiego, wielkiego domu.

Byłem wszędzie; następnie ukrywałem się w maleńkich miejscach. Teraz wychodzę z kryjówek. Otwieram bramy ludzkich ograniczeń rodziną, kastą, kolorem i wyznaniem. Pędzę wszędzie, aby poczuć ponownie moją świadomość wszechobecności.

—❦—

Poprzez przejrzystość mej najgłębszej medytacji przyjmę przechodzące przeze mnie światło wszechobecnego Ojca.

W takiej chwili, gdy jestem niespokojny lub spokój mojego umysł jest zakłócony, wycofam się w ciszę i w medytację, dopóki nie odzyskam spokoju. Każdy dzień rozpocznę od koncentracji i medytacji o Najwyższej Istocie.

MEDYTACJA O CHRYSTUSIE

PODĄŻĘ ZA pasterzami wiary, oddania i medytacji. Kierowani gwiazdą duchowej mądrości pasterze poprowadzą mnie do Chrystusa.

Ujrzę «jednorodzonego», jedyne odzwierciedlenie transcendentalnego Boga Ojca, zrodzonego w łonie ograniczonej wibracyjnej materii, jako

O odnajdowaniu boga

Chrystusowa Inteligencja, która prowadzi całe stworzenie ku inteligentnemu boskiemu celowi.

Zerwę kajdany niepokoju i będę bezgranicznie rozwijał moc medytacji, dopóki uniwersalna Chrystusowa Świadomość nie będzie zdolna do pełnego przejawienia się we mnie.

Pobłogosław mnie Ojcze, żeby pojedyncze oko urzeczywistnienia poprowadziło mnie tak, abym ujrzał poprzez wszystkie zasłony materii nieskończoną obecność Chrystusa.

BĘDĘ MEDYTOWAĆ

UMIŁOWANY BOŻE, skoro żadne ziemskie zajęcia nie są możliwe bez stosowania zdolności otrzymanych od Ciebie, porzucę wszystko to, co koliduje z moim codziennym zajęciem medytacji o Tobie.

Dzisiaj będę medytował, bez względu na to jak będę się czuł zmęczony. Nie pozwolę sobie na to, żeby stać się ofiarą zakłócających hałasów wtedy, kiedy próbuję medytować. Przeniosę moją świadomość do wewnętrznego świata.

Medytacje metafizyczne

Przez bramę medytacji wejdę do Bożej świątyni wiekuistego pokoju. Będę tam czcił Jego na ołtarzu wiecznie nowego zadowolenia. Rozniecę ogień szczęścia, żeby oświetlić wewnątrz Jego świątynię.

Będę medytował regularnie, tak by światło wiary mogło wprowadzić mnie do nieśmiertelnego królestwa mojego Niebieskiego Ojca.

Boska Matko, zerwę gwiaździstą zasłonę błękitu, rozerwę przykrycie przestrzeni, roztopię magiczny dywan myśli, wyłączę zwodniczy film życia, bym mógł ujrzeć Ciebie.

Wiem, że Boga można urzeczywistnić przez medytację, przez intuicyjne postrzeganie, ale nie przez niespokojny umysł.

Otworzę oczy na radość medytacji; wówczas ujrzę jak znika wszelka ciemność.

Wykąpię się w świętym basenie Bożej miłości ukrytym za szańcami medytacji.

Poprzez medytację udoskonalę moje środowisko

O odnajdowaniu boga

wewnętrzne, tak aby stało się nieprzenikalne dla wszelkich niekorzystnych zewnętrznych wpływów.

Rozpocznę każdy dzień medytacją o Najwyższej Istocie.

W świątyni ciszy odkryję Twój ołtarz pokoju. Na ołtarzu ciszy odnajdę Twą wiecznie nową radość.

Pozwól mi usłyszeć Twój głos, O Boże, w jaskini medytacji. Odnajdę nieustanne niebiańskie wewnętrzne szczęście. Wówczas pokój królować będzie w moim sercu, zarówno wtedy, kiedy jestem w ciszy, jak i podczas zajęć.

Każda niebiańska gwiazda, każda nieskalana myśl, każdy dobry uczynek będzie oknem, przez które ujrzę Ciebie.

Z nieskończoną koncentracją i oddaniem przelewaj swoją świadomość przez duchowe oko w Nieskończoność. Uwolnij swą duszę z więzienia ciała do ogromnego oceanu Ducha.

O SPRAWACH MATERIALNYCH

NIGDY NIE TRAĆ NADZIEI

JEŚLI PORZUCIŁEŚ nadzieję, że kiedykolwiek będziesz szczęśliwy, to rozchmurz się. Nigdy nie trać nadziei. Twoja dusza, która jest odzwierciedleniem wiecznie radosnego Ducha, jest w istocie samym szczęściem.

Jeśli masz zamknięte oczy koncentracji, nie możesz zobaczyć palącego słońca szczęścia wewnątrz swego serca; jednak bez względu na to jak mocno zamykasz oczy uwagi, to mimo wszystko promienie szczęścia zawsze usiłują przebić się przez zamknięte drzwi umysłu. Otwórz okna spokoju, a odnajdziesz nagły impuls jasnego słońca radości wewnątrz własnej Jaźni.

Radosne promienie duszy można dostrzec, jeśli skupimy uwagę na wnętrzu. Percepcje te można uzyskać ćwicząc umysł, tak aby cieszył się piękną scenerią myśli w niewidzialnym, nieuchwytnym królestwie ukrytym wewnątrz nas. Nie poszukuj szczęścia jedynie w pięknych ubraniach, czystych domach, smacznych obiadach, miękkich poduszkach i luksusach. Uwiężą one twoje szczęście za kratami tego co na zewnątrz. Poszybuj raczej w samolocie swojej wizualizacji ponad nieograniczonym imperium myśli. Obserwuj stamtąd

Medytacje metafizyczne

górskie łańcuchy nieprzerwanych, wyniosłych duchowych aspiracji w celu udoskonalania siebie i innych.

Szybuj ponad głębokimi dolinami uniwersalnego współczucia. Leć ponad gejzerami entuzjazmu, nad Niagarą wiecznej mądrości, zanurzając się w odwiecznej muzyce pokoju duszy. Wznieś się ponad niekończącą się rzekę intuicyjnego postrzegania ku królestwu Jego wszechobecności.

Tam, w Jego pałacu szczęśliwości, pij z Jego źródła szepczącej mądrości i ugaś ogień pragnienia. Ucztuj z Nim w sali bankietowej wieczności spożywając owoce boskiej miłości. Jeśli podjąłeś decyzję znalezienia radości wewnątrz siebie, to wcześniej czy później ją znajdziesz. Szukaj jej teraz, codziennie, poprzez wytrwałą, coraz głębszą wewnętrzną medytację. Dokonaj prawdziwego wysiłku, aby wejść do wewnątrz, a znajdziesz tam szczęście, za którym tęskniłeś.

ŚWIATŁO UŚMIECHÓW

(Medytuj, rozpamiętuj i praktykuj to codziennie)

Rozpalę płomień uśmiechów. Zasłona ciemności zniknie. Ujrzę moją duszę w świetle uśmiechów,

O sprawach materialnych

ukrytą za nagromadzoną ciemnością wieków. Kiedy odnajdę samego siebie, pobiegnę przez wszystkie serca z pochodnią uśmiechów duszy. Najpierw będzie uśmiechać się moje serce, a następnie oczy i twarz. Każda część ciała lśnić będzie w świetle uśmiechów.

Pobiegnę w zarośla melancholijnych serc i rozpalę ognisko ze wszystkich smutków. Jestem nieodpartym ogniem uśmiechów. Będę wachlował się bryzą Bożej radości i przepalę drogę przez ciemność wszystkich umysłów. Moje uśmiechy przekażą Jego uśmiechy i każdy, kto mnie spotka pochwyci woń mojej boskiej radości. Poniosę wonne oczyszczające pochodnie uśmiechów do wszystkich serc.

Pomogę uśmiechać się tym, którzy płaczą, sam się uśmiechając, nawet wówczas, kiedy jest trudno.

W uciesze wszystkich serc słyszę echo Twej szczęśliwości. W przyjaźni wszystkich prawdziwych serc odkrywam Twą przyjaźń. Raduję się tak samo z dobrobytu moich braci, jak ze swego własnego. Pomagając innym, aby byli mądrzy, pogłębiam moją własną mądrość. W szczęściu wszystkich odnajduję moje własne szczęście.

Nic nie zniszczy moich uśmiechów. Ponura śmierć, choroba, czy niepowodzenie nie mogą mnie zniechęcić. Katastrofa nie może tak naprawdę mnie dotknąć, ponieważ wewnątrz duszy posiadam niezachwianą, niezmienną, wiecznie nową szczęśliwość Bożą.

O boski cichy śmiechu, wstąp na tron pod baldachimem mojego oblicza i uśmiechaj się poprzez moją duszę.

Spróbuję być miliarderem radości, odnajdując moje bogactwo w monecie Twego królestwa — wiecznie nowej szczęśliwości. W ten sposób zaspokoję jednocześnie moją potrzebę duchowego i materialnego dobrobytu.

ROZPRZESTRZENIANIE BOSKIEJ RADOŚCI

ZACZYNAJĄC od wczesnego świtu, będę każdego dnia promieniował radością w kierunku każdego, kogo spotkam. Będę mentalnym słońcem dla

O sprawach materialnych

wszystkich, których spotykam na drodze. Zapalę świecę uśmiechów w sercach tych, co się smucą. Przed niegasnącym światłem mojej radości, ciemność rzuci się do ucieczki.

Niechaj moja miłość rozprzestrzenia swój śmiech na wszystkie serca, na każdą osobę, niezależnie od rasy. Niechaj moja miłość spoczywa w sercach kwiatów, zwierząt i maleńkich drobinkach gwiezdnego pyłu.

Spróbuję być szczęśliwym we wszystkich okolicznościach. Postanowię być szczęśliwym wewnątrznie już teraz, tu gdzie jestem dzisiaj.

Niechaj moja dusza uśmiecha się poprzez moje serce i niech moje serce uśmiecha się poprzez moje oczy, abym mógł rozsypać Twe ciepłe uśmiechy w smutnych sercach.

Zawsze będę dostrzegał w życiu doskonały, zdrowy, wszechmądry, wszechradosny wizerunek Boga.

Medytacje metafizyczne

UZDRAWIAJĄCE ŚWIATŁO BOGA

DOSKONAŁE ŚWIATŁO jest wszechobecne we wszystkich częściach mojego ciała. Wszędzie tam, gdzie to uzdrawiające światło się przejawia, tam jest doskonałość. Jestem zdrowy, bo doskonałość jest we mnie.

Uzdrawiające światło świeciło wewnątrz mnie, wokół mnie, ale moje oczy wewnętrznego postrzegania były zamknięte i nie dostrzegały Twego transmitowanego światła.

Zanurzę wzrok wiary w oknie duchowego oka i ochrzczę moje ciało w uzdrawiającym świetle Chrystusowej Świadomości.

Ojcze Niebieski, naucz mnie pamiętać o Tobie w ubóstwie, jak i dobrobycie, w chorobie lub w zdrowiu, w niewiedzy lub w mądrości. Naucz mnie jak otworzyć zamknięte oczy niewiary i ujrzeć Twe natychmiast uzdrawiające światło.

O sprawach materialnych

DLA ZDROWIA I WITALNOŚCI

DZISIAJ BĘDĘ poszukiwał witalności Bożej w słońcu, kąpiąc ciało w jego świetle, aby docenić pochodzący od Pana, dający życie, a niszczący choroby, dar promieni ultrafioletowych.

Ojcze Niebieski, komórki mojego ciała zbudowane są ze światła, cielesne komórki zbudowane są z Ciebie. One są Duchem, bo Tyś jest Duchem; one są nieśmiertelne, bo Tyś jest Życie.

Światło Twego doskonałego zdrowia przenika ciemne zakątki moje cielesnej choroby. We wszystkich komórkach mojego ciała świeci Twe uzdrawiające światło. One są całkowicie zdrowe, bo jest w nich Twa doskonałość.

Przyznaję, że moja choroba jest skutkiem przekraczania praw zdrowia. Naprawię zło poprzez właściwe odżywianie, ćwiczenia i właściwe myślenie.

Wraz z wiarą w mojego Ojca widzę jak cienie choroby zostają zniszczone raz i na zawsze; w pełni uświadamiam sobie, że Jego światło zawsze istnieje; stworzona przeze mnie samego ciemność nie może mnie przytłoczyć, z wyjątkiem sytuacji, gdy dobrowolnie zamknę oczy na mądrość.

Ojcze, pomóż mi, abym naturalnie, spontanicznie i z łatwością ustanowił nawyk właściwego jedzenia. Niechaj nigdy nie stanę się ofiarą łapczywości, dzięki czemu uniknę sprowadzenia na siebie cierpienia.

Ojcze Niebieski, naładuj moje ciało Twą witalnością, naładuj mój umysł Twą mocą duchową, naładuj moją duszę Twą radością, Twą nieśmiertelnością.

Niebieski Ojcze, napełnij moje żyły Twymi niewidzialnymi promieniami, czyniąc mnie silnym i niestrudzonym.

Wszystkowidzące oko stoi za moimi oczami. One są mocne, bo Ty patrzysz przez nie.

NIE JESTEM CIAŁEM

UMIŁOWANY BOŻE, wiem, że nie jestem ciałem ani krwią, ani energią, ani myślami, ani umysłem, ani ego, ani też astralną jaźnią. Jestem nieśmiertelną duszą, która oświeca je wszystkie,

O sprawach materialnych

pozostając sama niezmienną, mimo że one się zmieniają.

Wieczna Młodości ciała i umysłu zamieszkuj we mnie na wieki wieków.

Coraz bardziej będę polegał na energii z nieograniczonego wewnętrznego źródła kosmicznej świadomości, a coraz mniej na zewnętrznych zasobach energii cielesnej.

Ojcze, Twa nieograniczona i wszechuzdrawiająca moc jest we mnie. Przejaw Swoje światło ponad ciemnością mojej niewiedzy.

O Duchu, naucz mnie uzdrawiać ciało poprzez ładowanie go Twą kosmiczną energią; uzdrawiać umysł poprzez koncentrację i uśmiech.

PRZESYŁANIE MYŚLI DO INNYCH

UTWIERDŹ WZROK niespokojnych oczu w punkcie pomiędzy brwiami. Zanurz się w świętej

Medytacje metafizyczne

gwieździe medytacji.[1] Nieustannie wysyłaj myśli miłości do swoich bliskich na tym świecie i tych, którzy odeszli już przed tobą w szatach ze światła.

Przestrzeń nie istnieje pomiędzy umysłami i duszami, chociaż ich fizyczne pojazdy mogą być od siebie bardzo odległe. W myślach nasi ukochani są naprawdę zawsze blisko.

Ciągle nadawaj wiadomość: „cieszę się szczęściem moich bliskich, którzy są na tej ziemi albo po drugiej stronie".

— ❧ —

Najpierw będę poszukiwał Królestwa Bożego, i zapewnię sobie prawdziwą jedność z Nim. Następnie, jeśli taka będzie Jego wola, to wszystkie rzeczy – mądrość, bogactwo i zdrowie – zostaną mi dodane

---

1 „Podczas głębokiej medytacji pojedyncze, czyli duchowe oko (różnie opisywane w pismach świętych, jako trzecie oko, gwiazda Wschodu itp.) staje się widoczne w centralnej części czoła. Wola, skoncentrowana w tym punkcie, jest aparatem *nadawczym* myśli. Ludzkie uczucie, lub siła emocji, spokojnie skoncentrowana na sercu, pozwala mu działać podobnie jak mentalny odbiornik radiowy, który *odbiera* wiadomości przesyłane przez innych ludzi, z daleka lub z bliska".
– *Autobiografia jogina.*

O sprawach materialnych

jako część mojego boskiego dziedzictwa, skoro On stworzył mnie na swoje podobieństwo.

Ojcze, byłem jak syn marnotrawny. Oddaliłem się z Twego domu wszelkich mocy, ale teraz jestem z powrotem w Twym domu Samo-urzeczywistnienia. Pragnę dobrych rzeczy, które posiadasz, bo one wszystkie należą do mnie. Jestem Twym dzieckiem. Jestem wizerunkiem najwyższego Ducha. Mój Ojciec posiada wszystko. Ja i mój Ojciec jednym jesteśmy. Mając Ojca, mam wszystko. Wszystko to, co On posiada, należy i do mnie.

Ojcze Niebieski, teraz uświadamiam sobie, że cała pogoń za życiem materialnym, nawet jeśli jest ukoronowana spełnieniem, oferuje jedynie chwilową radość. W jedności z Tobą odnajdę źródło wiecznej szczęśliwości.

PRZYJAŹŃ I SŁUŻBA

ZAMIESZKAM w otwartych i wrażliwych sercach – nieznany przyjaciel, zawsze pobudzający ich ku świętym uczuciom, milcząco nakłaniający ich poprzez ich własne szlachetne myśli, do porzucenia senu

Medytacje metafizyczne

przyziemności. W świetle mądrości tańczyć będę z całą ich radością w niewidzialnym alkierzu ciszy.

Będę postrzegał osobę, która obecnie uważa siebie za mojego wroga, jakby w rzeczywistości była moim boskim bratem, ukrywającym się za zasłoną niezrozumienia. Rozetnę tę zasłonę mieczem miłości, tak aby widząc moje pokorne, wybaczające zrozumienie, nie wzgardził już nigdy ofiarą mej dobrej woli.

Drzwi do moich przyjacielskich uczuć zawsze pozostaną na równi otwarte dla tych braci, którzy mnie nienawidzą, jak i dla tych, którzy mnie kochają.

Będę współczuł innym tak samo jak współczuję samemu sobie. Wypracuję sobie własne zbawienie poprzez służbę moim bliźnim.

Wiem, że jeśli zaofiaruję przyjaźń wszystkim, tak jak zrobił to Chrystus, to zacznę odczuwać kosmiczną miłość, która jest Bogiem. Ludzka przyjaźń jest echem przyjaźni Bożej. Najwspanialszą rzeczą, jaką zademonstrował Jezus Chrystus, było danie miłości w zamian za nienawiść. Dawanie nienawiści w zamian za nienawiść jest łatwe, ale dawanie miłości w zamian za nienawiść jest trudniejsze i znaczy o wiele więcej.

O sprawach materialnych

A zatem, spalę nienawiść w szalejących płomieniach mojej rozprzestrzeniającej się miłości.

Będę brał to co najlepsze od wszystkich ludzi. Będę podziwiał dobre cechy wszystkich narodowości i nie będę skupiał uwagi na ich błędach.

Dzisiaj przełamię bariery miłości własnej i miłości do rodziny i uczynię moje serce wystarczająco wielkim dla wszystkich dzieci Bożych. Rozpalę ogień uniwersalnej miłości, widząc, że mój Ojciec Niebieski zamieszkuje w świątyni wszystkich naturalnych związków. Wszelkie pragnienie czułości zostanie oczyszczone i zaspokojone przez osiągnięcie świętej miłości Bożej.

BĘDĘ SŁUŻYŁ WSZYSTKIM

O DAWCO nieustannej szczęśliwości! Będę starał się uczynić innych prawdziwie szczęśliwymi, w podzięce za boską radość, jakiej Tyś mi udzielił. Poprzez moje duchowe szczęście będę służył wszystkim.

Dzisiaj wybaczę tym wszystkim, którzy kiedykolwiek mnie obrazili. Dam moją miłość wszystkim spragnionym sercom, zarówno tym, którzy mnie kochają, jak i tym, którzy mnie nie kochają.

Zostanę rybakiem dusz. Złowię niewiedzę innych w sieć mojej mądrości i zaofiaruję ją Bogu wszystkich bogów, aby ją przemienił.

Będę emitować miłość i dobrą wolę do innych, po to abym mógł otworzyć kanał, przez który Boża miłość przyjdzie do wszystkich.

Wiem, że jestem w jedności ze światłem Twej dobroci. Niechaj stanę się morską latarnią dla tych, którzy miotają się po morzu smutku.

Jestem sługą gotowym, by służyć wszystkim umysłom w potrzebie poprzez moją prostą radę, poprzez dary uzdrawiającej prawdy, i poprzez moją skromną mądrość zgromadzoną w sanktuarium ciszy. Moją najwyższą ambicją jest ustanowienie świątyni duchowej ciszy w każdej osobie, którą spotykam.

BOSKI DOBROBYT

KRÓLEM wszechświata jest mój Ojciec. Jestem księciem-spadkobiercą całego Jego królestwa mocy, dobrobytu i mądrości.

Popadając w stan niepamięci nędznego

O sprawach materialnych

doczesnego bytu nie rościłem sobie prawa do mojego boskiego dziedzictwa.

O Ojcze, pragnę dobrobytu, zdrowia i mądrości bez miary, nie z ziemskich źródeł, ale z Twych wszystko-posiadających, wszechmocnych, pełnych obfitości rąk.

Nie będę żebrakiem proszącym o ograniczony doczesny dobrobyt, zdrowie i wiedzę. Jestem Twym dzieckiem i jako takie, żądam bez ograniczeń mojego boskiego udziału w Twych nieograniczonych bogactwach.

— ❀ —

Ojcze pozwól mi odczuć, że jestem Twym dzieckiem. Zbaw mnie od żebractwa! Niechaj wszystkie dobre rzeczy, wliczając w to zdrowie, dobrobyt i mądrość, poszukują mnie same, zamiast tego, bym ja ich poszukiwał.

Panie, naucz mnie, bym pamiętał o byciu wdzięcznym za lata zdrowia, jakim się cieszyłem.

Będę wydawał coraz mniej, nie jak skąpiec, ale

Medytacje metafizyczne

jak człowiek samokontroli. Będę wydawał mniej, żebym mógł więcej zaoszczędzić i z pomocą tych oszczędności zapewnić materialne bezpieczeństwo sobie i mojej rodzinie. Pomogę również szczodrze moim potrzebującym ludzkim braciom.

Królestwo planet i wszelkie bogactwa ziemi należą do Ciebie, mój Boski Ojcze. Jestem Twym dzieckiem; a zatem, jestem właścicielem wszystkich rzeczy, tak samo jak Tyś jest.

Ojcze, naucz mnie uwzględniać dobrobyt innych w pogoni za moim własnym dobrobytem.

JEDEN WE WSZYSTKICH

BĘDĘ DOSTRZEGAŁ Niewidzialne w widzialnych formach mojego ojca, matki i przyjaciół, zesłanych tutaj, aby mi pomóc. Okażę moją miłość do Boga kochając ich. W wyrazach ich ludzkich uczuć rozpoznam wyłącznie Jedyną Boską Miłość.

— ❦ —

Kłaniam się Chrystusowi w świątyniach wszystkich ludzkich braci, w świątyni wszelkiego życia.

O sprawach materialnych

O Ojcze naucz mnie odczuwać, że Tyś jest siłą stojącą za wszelkim bogactwem i wartością we wszystkich rzeczach. Odnajdując najpierw Ciebie, odnajdę wszystko inne w Tobie.

Wiem, że wszędzie tam, gdzie ludzie doceniają moje wysiłki czynienia dobra, jest miejsce, w którym mogę najbardziej służyć pomocą.

O Panie Prawa, skoro wszelkie sprawy są bezpośrednio lub pośrednio kierowane Twą wolą, dlatego poprzez medytację świadomie sprowadzę Twą obecność do mojego umysłu, w celu rozwiązywania problemów, które zsyła mi życie.

Bóg jest pokojem. Poddaj się nieskończonemu pokojowi, który jest w tobie. Bóg jest wiecznie nową radością w medytacji. Poddaj się wielkiej miłości, która jest w tobie.

O Nieskończony, wiecznie ukazuj Twą lśniącą twarz we wszystkich moich radościach i w płomiennym świetle miłości do Ciebie.

Naucz mnie zrozumieć, że Tyś jest mocą, która

Medytacje metafizyczne

utrzymuje mnie w zdrowiu, zamożności oraz w poszukiwaniu prawdy.

Jestem iskrą z Nieskończoności. Nie jestem ciałem i kośćmi. Jestem światłem.

Pomagając innym w osiągnięciu sukcesu odnajdę moje własne powodzenie. W dobrobycie innych odnajdę własne dobro.

O SAMODOSKONALENIU

MEDYTACJA O PROMIENIACH KSIĘŻYCA

ZMIESZAJ SWÓJ UMYSŁ nocą z promieniami księżyca. Obmyj smutki w jego promieniach. Poczuj jak jego mistyczne światło rozchodzi się cicho po twoim ciele, po drzewach, po rozległych lądach. Stojąc na otwartej przestrzeni, spokojnymi oczami dojrzyj, poza granicami ujawnionej przez księżycowe promienie scenerii, przyćmiony skraj lśniącego horyzontu. Pozwól, twemu umysłowi, aby poprzez miarowe uderzenia skrzydeł medytacji, rozpostarł się poza linie widocznych obrazów i uniósł się ponad horyzont. Niechaj twoja medytacja wzleci poza obręcz tego, co widoczne, ku krainom fantazji.

Rozprzestrzeń swój umysł od obiektów widocznych w księżycowych promieniach ku przyćmionym gwiazdom i odległym nieboskłonom leżącym poza wiekuistą nieruchomością eteru; wszystko pulsujące życiem. Obserwuj księżycowe promienie, jak rozchodzą się nie tylko po jednej stronie ziemi, ale wszędzie, w wiekuistym obszarze twojego rozległego umysłu. Medytuj tak długo, aż w chłodnych księżycowych promieniach twojego spokoju pomkniesz ponad bezdrożnymi niebosklonami i aż w urzeczywistnieniu ujrzysz Wszechświat jako Światło.

OSIĄGANIE WOLNOŚCI

PO CÓŻ przywiązywać nieskończoną duszę do kościstego filaru ciała? Uwolnij ją! Przetnij więzy świadomości ciała, przywiązania do ciała, głodu, przyjemności, bólu oraz cielesnych i psychicznych powiązań. Odpręż się. Uwolnij duszę z uścisku ciała. Niech ciężki oddech nie przypomina ci o fizycznych kratach. Siedź nieruchomo w ciszy, bez oddechu, oczekując z każdą minutą, że wykonasz skok po wolność w Nieskończoność. Nie kochaj swego ziemskiego więzienia.

Uwolnij umysł od ciała za pomocą ostrego noża spokoju. Odetnij świadomość od ciała. Nie używaj jej już dłużej jako wymówki w akceptowaniu ograniczeń. Odwróć świadomość od krępującego ją filaru-ciała. Pomknij świadomością poza ciało, omiatając nią umysły, serca i dusze innych. Zapal swoje światło we wszystkim, co żyje. Poczuj, że jesteś Jednym Życiem, które świeci w całym stworzeniu.

O samodoskonaleniu

TWÓRCZA AKTYWNOŚĆ

UŻYJĘ twórczej zdolności myślenia, aby osiągnąć powodzenie w każdym wartościowym projekcie, jakiego się podejmę. Bóg mi pomoże, jeśli ja również postaram się pomóc samemu sobie.

Pogrzebałem martwe rozczarowania na cmentarzu wczorajszego dnia. Dzisiaj zaoram ogród życia nowymi twórczymi wysiłkami. Zasieję w nim nasiona mądrości, zdrowia, dobrobytu i szczęścia. Będę podlewał je pewnością siebie i wiarą, i poczekam, aż Bóg da należny mi plon.

Jeśli plonu nie zbiorę, to będę wdzięczny za satysfakcję z tego, że starałem się robić to, co było w mojej mocy. Podziękuję Bogu za to, że potrafię próbować raz za razem, dopóty, dopóki z Jego pomocą nie osiągnę sukcesu. Podziękuję Mu, kiedy osiągnę sukces w zaspokojeniu wartościowego pragnienia mojego serca.

Będę starał się wykonywać jedynie znaczące, szlachetne uczynki, aby zadowolić Boga.

Medytacje metafizyczne

Jestem kapitanem własnego okrętu dobrego osądu, woli i aktywności. Będę kierował moim okrętem życia, zawsze dostrzegając polarną gwiazdę Jego pokoju świecącą na firmamencie mojej głębokiej medytacji.

Będę spokojnie aktywny i aktywnie spokojny. Nie stanę się leniwy i psychicznie skostniały. Nie będę także nadaktywnym, zdolnym do zarabiania pieniędzy, ale niezdolnym do cieszenia się życiem. Będę medytował regularnie, aby zachować prawdziwą równowagę.

Dzisiaj otworzę drzwi mojego spokoju i pozwolę, żeby kroki Ciszy delikatnie weszły do świątyni wszystkich moich aktywności. Będę wykonywał wszystkie obowiązki pogodnie, nasycony pokojem.

Pracując i wykorzystując własne twórcze zdolności będę pamiętał, że to Ty jesteś Tym, który pracuje i tworzy przeze mnie.

PRACA DLA BOGA

OSIĄGNĘ bosko głęboką, daną przez Boga koncentrację, a następnie użyję jej nieograniczonej mocy, aby sprostać wszystkim wymogom życia.

O samodoskonaleniu

Będę robił wszystko z wielką uwagą: pracując w domu, w biurze, w świecie – wszelkie obowiązki duże i małe będą wykonywane dobrze.

Na tronie cichych myśli Bóg pokoju kieruje dzisiaj moimi uczynkami.

Po nawiązaniu łączności z Bogiem w medytacji, przystąpię do pracy, bez względu na to, jaka jest, wiedząc, że On jest ze mną, kieruje mną i daje mi moc, abym osiągnął to, o co zabiegam.

Wykorzystam pieniądze, zgodnie z moimi zdolnościami, aby uczynić światową rodzinę lepszą i szczęśliwszą.

POKONYWANIE STRACHU I ZMARTWIENIA

BÓG JEST WE mnie i wokół mnie, i chroni mnie, a zatem pozbędę się ciemności strachu, która zamyka Jego przewodnie światło i sprawia, że wpadam w koleiny błędów.

Usunę za pomocą kojącej zasłony pokoju Boskiej Matki, senne zmory chorób, smutku i niewiedzy.

Medytacje metafizyczne

Naucz mnie, bym był wytrwale i rozsądnie odważnym, zamiast często się czegoś obawiać.

Jestem bezpieczny za murami spokojnego sumienia. Spaliłem moją przeszłość. Interesuje mnie jedynie dzień dzisiejszy.

Nie będę się obawiał niczego, oprócz samego siebie, wtedy kiedy próbuję oszukać moje sumienie.

Dzisiaj spalę wiązki zmartwień i obaw, i rozpalę ogień szczęścia, żeby oświetlał świątynię Boga we mnie.

Ojcze, naucz mnie, abym unikał torturowania siebie i innych okropnym ogniem zazdrości. Naucz mnie akceptowania z zadowoleniem życzliwości i przyjaźni od moich najbliższych, na jaką zasługuję. Naucz mnie, żebym nie narzekał, że czegoś nie otrzymałem. Naucz mnie okazywania miłości zamiast zazdrości w celu pobudzenia innych do wykonywa swoich obowiązków wobec mnie.

Tak jak słońce rozsyła życiodajne promienie świetlne, tak ja będę rozsyłał promienie nadziei do serc ubogich i opuszczonych, i będę rozniecał nową

O samodoskonaleniu

siłę w sercach tych, którzy myślą, że są nieudacznikami.

Będę poszukiwał boskiego bezpieczeństwa jako pierwszej i ostatniej miary, i zawsze ze stałą przewodnią myślą o Bogu, moim największym Przyjacielu i Protektorze.

Niebiański Duchu, pobłogosław mnie, abym z łatwością mógł znaleźć szczęście, zamiast martwić się każdym testem i trudnością.

POKONYWANIE GNIEWU

POSTANAWIAM już nigdy więcej nie okazywać gniewu na mojej twarzy. Nie będę wstrzykiwał trucizny gniewu w serce spokoju, ponieważ uśmierca ona moje życie duchowe.

Będę gniewał się jedynie na gniew i na nic więcej. Nie mogę gniewać się na nikogo, bo zarówno dobro, jak i zło, są boskimi braćmi, zrodzonymi z jednego boskiego Ojca.

Uspokoję gniew innych dając im przykład mojego własnego spokoju, szczególnie wówczas, kiedy widzę moich braci cierpiących z powodu delirium gniewu.

Naucz mnie nie rozniecać gniewu i nie niszczyć jego zarzewiem zielonej oazy wewnętrznego pokoju we mnie i w innych. Raczej naucz mnie wygaszać gniew za pomocą potoku nieustającej miłości.

Ojcze Niebieski, rozkaż mojemu jezioru życzliwości, aby zawsze pozostawało niezakłócone przez burze gniewu przynoszącego nieszczęścia.

NA TEMAT KRYTYCYZMU I NIEPOROZUMIENIA

NIE BĘDĘ marnował czasu na rozmowach o wadach innych. Jeśli przyłapię siebie na radowaniu się z krytykowania innych, to najpierw głośno skrytykuję siebie wobec innych.

Nikogo nie będę krytykował, chyba że ktoś mnie o to poprosi, a i wtenczas jedynie z pragnieniem niesienia pomocy.

Spróbuję zadowolić każdego poprzez życzliwe i taktowne uczynki, zawsze starając się zażegnać

O samodoskonaleniu

każde nieporozumienie świadomie lub nieświadomie przeze mnie spowodowane.

Zawsze będę trzymał w górze niegasnącą pochodnię nieustającej życzliwości, aby kierować sercami tych, którzy mnie nie rozumieją.

Obetrę me łzy smutku, odkrywając to, że dla Ciebie nie ma znaczenia, czy odgrywam małą czy dużą rolę dopóty, dopóki odgrywam ją dobrze.

Najpierw będę poszukiwał Boga; wówczas wszystkie moje pragnienia zostaną zaspokojone. Czy będę mieszkał w pałacu czy w małej chatce, nie będzie to miało znaczenia.

Użyję moich uczciwie zarobionych pieniędzy, aby żyć w prosty sposób, obywając się bez luksusów.

Postanawiam, że nikt nie będzie mógł mnie pobudzić obraźliwymi słowami lub uczynkami, i niczyje pochwały nie spowodują, że będę myślał, że jestem wspanialszy niż jestem.

Pozostanę obojętny na okrutną, fałszywą krytykę, jak i na girlandy pochwał. Moim wyłącznym pragnieniem jest wykonywanie Twej woli, aby zadowolić Ciebie, mój Ojcze Niebieski.

Będę mówił prawdę, ale zawsze będę unikał mówienia nieprzyjemnych i krzywdzących prawd. Nie będę wyrażał krytyki, która nie jest motywowaną życzliwością.

Będę rozprzestrzeniał słoneczne promienie mojej dobrej woli tam, gdzie kryje się ciemność nieporozumienia.

O POKORZE I DUMIE

WSZELKIE MOJE MOCE są jedynie mocami pożyczonymi od Ciebie. Nikt nie jest większy od Ciebie, o mój Ojcze! Przestałbym żyć i wyrażać siebie bez Twojej mądrości i siły. Tyś jest tak wielki, a ja taki mały.

Wytrenuj mnie tak, abym nie był dumny. Tyś jest Guru-nauczycielem, wykładającym w świątyni wszystkich dusz. Składam Tobie pokłon u stóp każdego człowieka.

Pokonam dumę pokorą, gniew miłością,

O samodoskonaleniu

podniecenie spokojem, egoizm bezinteresownością, zło dobrem, niewiedzę wiedzą, a niespokojność niewysłowionym pokojem nabytym w bezruchu wewnętrznej ciszy.

Będę dumny z bycia pokornym. Będę czuł się uhonorowany, gdy ktoś ukarze mnie za wykonywanie Bożej pracy. Będę się radował z każdej możliwości dawania miłości w zamian za nienawiść.

O ZIEMSKICH PRZYJEMNOŚCIACH

OGIEŃ MĄDROŚCI płonie. Podsycam jego płomień. Nie ma co się dłużej smucić! Wszelkich nietrwałych przyjemności, wszelkich chwilowych aspiracji używam jako paliwa, do podsycania wiekuistego ognia wiedzy. Stare kłody pragnień, które sobie ceniłem i oszczędzałem, by wykonać z nich sprzęty służące przyjemnościom, wrzucam w zgłodniałe płomienie.

Och, miriady moich ambicji trzaskają radośnie w zetknięciu z Boskim płomieniem. Mój antyczny dom namiętności, dóbr materialnych, inkarnacji, wielu królestw moich upodobań, wielu piaskowych zamków moich marzeń – wszystkie one zostają pochłonięte przez ten ogień, który rozniciłem.

Nie spoglądam na ten ogień ze smutkiem, ale z radością, bo ogień ten nie tylko spalił mój dom materii, ale i wszystkie nawiedzone przez smutek budynki moich fantazji. Moja radość jest większa, niż bogactwo królów.

Jestem królem samego siebie, a nie zniewolonym przez upodobania królem dóbr materialnych. Niczego nie posiadam, a mimo to jestem władcą mojego własnego niezniszczalnego królestwa pokoju. Nie jestem już dłużej niewolnikiem, który usługuje własnym obawom przed ewentualnymi stratami. Nie mam nic do stracenia. Jestem intronizowany w wiecznej satysfakcji. Jestem naprawdę królem.

POKONYWANIE POKUSY

NAUCZ MNIE, o Duchu, rozróżniać pomiędzy trwałym szczęściem duchowym i chwilowymi przyjemnościami zmysłów.

Naucz mnie nieangażowania się w przelotnych przyjemnościach zmysłowych. Naucz mnie tak

O samodoskonaleniu

zdyscyplinować moje zmysły, żeby one zawsze czyniły mnie prawdziwie szczęśliwym. Naucz mnie zastępować cielesne pokusy większą pokusą szczęścia duchowego.

Śmieję się ze wszystkich obaw, bo mój Ojciec-Matka, umiłowany Bóg, bacznie mnie obserwuje i jest wszędzie obecny, aby celowo chronić mnie od pokus zła.

O Wiekuisty Zdobywco! Naucz mnie wyćwiczenia w sobie szlachetnych cech – żołnierzy spokoju i samokontroli. Bądź ich Boskim Generałem w bitwie przeciwko mrocznym wrogom: złości, niewdzięczności, fałszowi. Niechaj wzniosę nad królestwem mojego życia Twą flagę niezwyciężonej prawości.

O Ojcze, wyćwicz dzieci moich zmysłów, aby nie błąkały się z dala od Twego domu. Skieruj mój wewnętrzny wzrok na Twe wiecznie zmieniające się piękno; wyćwicz moje uszy, aby słuchały Twej wewnętrznej pieśni.

Boska Matko, naucz mnie tego, abym był tak bardzo przywiązany do Ciebie, że nie mógłbym przywiązać się do przyjemności materialnych. Naucz mnie pokonywać Twą miłością wszystkie pragnienia światowego życia.

Boski Nauczycielu, zdyscyplinuj moje niemądre samowolne zmysły; uduchawiaj ich przyjemności, tak aby zawsze wykraczały poza iluzję błyszczących widzialnych form i odnajdywały boską radość prostoty.

ROZWIJANIE WOLI

DZISIAJ PODEJMĘ decyzję, że osiągnę sukces we wszystkim, co robię. Siła woli jest niesamowitym czynnikiem we wszystkich działaniach. Może ona zapoczątkować niekończące się ruchy kosmicznej energii.

O Wiekuista Energio, przebudź we mnie świadomą wolę, świadomą witalność, świadome zdrowie, świadome urzeczywistnienie.

Naucz mnie, o Duchu, współpracować z Twoją wolą dopóty, dopóki wszystkie moje myśli nie dostosują się do Twych harmonijnych planów.

O samodoskonaleniu

Jest we mnie ukryta siła, zdolna pokonać wszystkie przeszkody i pokusy. Zamanifestuję tę niezłomną moc i energię.

Niezwyciężony Panie, naucz mnie nieustannie używać mej woli do wykonywania dobrych uczynków, dopóki małe światełko mej woli nie zapłonie jak kosmiczny płomień Twej wszechpotężnej woli.

Umiłowany Ojcze, wiem, że dzięki mocnej sile woli mogę pokonać choroby, niepowodzenia i niewiedzę, ale wibracja woli musi być silniejsza niż wibracja fizycznej lub mentalnej choroby. Im bardziej chroniczna jest choroba, tym silniejsza, wytrwalsza i bardziej nieugięta musi być determinacja, wiara i wysiłek woli.

Dzisiaj będę rozwijał inicjatywę. Człowiek z inicjatywą tworzy coś z niczego; sprawia, że niemożliwe staje się możliwe dzięki wielkiej wynalazczej mocy Ducha.

Ojcze Niebieski, pomóż mi umocnić moją siłę woli. Naucz mnie tego, bym nie był niewolnikiem nawyków. Kieruj mną tak, abym mógł rozwinąć się duchowo dzięki wewnętrznej i zewnętrznej dyscyplinie.

Medytacje metafizyczne

Zestroję własną wolną wolę z nieskończoną wolą Boga, a moim jedynym pragnieniem będzie czynienie woli Tego, który mnie tutaj umieścił.

MĄDROŚĆ I ZROZUMIENIE

SKORO TWÓJ NIEZATARTY wizerunek doskonałości jest we mnie, przeto naucz mnie usuwać powierzchowne plamy niewiedzy i zrozumieć, że Ty i ja jesteśmy, i zawsze byliśmy, jednym.

Niechaj wszystkie demoniczne hałaśliwe myśli ulotnią się, żeby szepty Twej cichej przewodniej pieśni stały się słyszalne dla mojej zapominającej duszy.

Dojrzę mądrość w niewiedzy, radość w smutku, zdrowie w słabości; bo wiem, że Boska doskonałość jest jedyną rzeczywistością.

Jestem nieśmiertelnym dzieckiem Bożym, mieszkającym przez chwilkę w karawanseraju[1] tego ciała.

---

1 Karawanseraj, czyli zajazd, gdzie orientalne karawany odpoczywały podczas swoich podróży, tutaj oznacza tymczasowe miejsce postoju dla duszy podczas jej podróży przez wcielenia.

O samodoskonaleniu

Jestem tutaj, żeby oglądać tragedie i komedie tego zmiennego życia z pozycji niezmiennego szczęścia.

Skoro Bóg dał mi wszystko, czego potrzebuję, to najpierw Go poznam, a następnie skorzystam z Jego rady, żeby pragnąć i czynić jedynie to, co jest zgodne z Jego wolą.

Obdarzony wolnym wyborem jestem w rzeczywistości synem Bożym. Śniłem, że jestem śmiertelnikiem. Teraz przebudziłem się. Sen, że moja dusza jest uwięziona w cielesnej klatce, zniknął. Jestem tym wszystkim, czym jest mój Ojciec Niebieski.

Codziennie rano obudzę sędziego mojej bezstronnej introspekcji i poproszę go, żeby sądził mnie przed trybunałem sumienia. Pokieruję okręgowym prokuratorem rozróżniania, żeby wniósł oskarżenie przeciwko niesfornym błędom, które kradną bogactwo pokoju mojej duszy.

Zbuduję pałace mądrości w niegasnącym ogrodzie pokoju, olśniewającym kwiatami pięknych cech duszy.

Medytacje metafizyczne

Teraz i zawsze będę starał się wzbogacić siebie i innych Bogiem.

Boże, Ojcze transcendentalny, Boże, Immanentna Świadomość Chrystusowa i Boże, Święta Twórcza Siło Wibracyjna, przekaż mi mądrość, abym poznał prawdę! I poprzez mój własny wysiłek i znajomość prawa, pozwól mi wspiąć się po bezcennej drabinie urzeczywistnienia, abym w końcu stanął na błyskotliwym szczycie sukcesu, twarzą w twarz z jednym Duchem.

Granatami mojej tęsknoty za Tobą, jednym po drugim, skruszę mury ułudy. Pociskami mądrości i groźnymi działami determinacji zniszczę fortecę mojej niewiedzy.

Drogi Ojcze, bez względu na to, jakie napotykam sytuacje, wiem, że reprezentują one kolejny krok w moim rozwoju. Przyjmę z chęcią wszystkie testy, ponieważ wiem, że wewnątrz mnie jest inteligencja, aby zrozumieć oraz moc, żeby zwyciężyć.

Jestem księciem pokoju siedzącym na tronie opanowania, kierującym królestwem aktywności.

O samodoskonaleniu

Zamiast być roztargnionym, wykorzystam wolne chwile, aby myśleć o Tobie.

Boski Ojcze, dzisiaj dokonam wysiłku, aby zrozumieć jak ogromnie ważne jest to, abym przez cały czas mądrze wykorzystywał siłę woli.

Dostroję się do Twej kierowanej mądrością woli, aby pokierować moją wolą sterowaną przez nawyki.

Będę rozwijał spokój umysłu, wiedząc, że Bóg jest zawsze ze mną. Jestem Duchem!

MEDYTACJE BOŻONARODZENIOWE

MEDYTACJA NA WIGILIĘ

WZNIEŚ SWE OCZY i skoncentruj się na wnętrzu. Dojrzyj astralną gwiazdę boskiej mądrości i pozwól, aby mądre myśli w tobie powędrowały za tą teleskopową gwiazdą, by wszędzie widzieć Chrystusa.

W tej krainie wiecznego Bożego Narodzenia, odświętnej Świadomości Chrystusowej, odnajdziesz Jezusa, Krysznę, świętych wszystkich religii, wielkich nauczycieli, guru czekających, by zgotować ci kwieciste boskie przywitanie oraz wiekuiste szczęście.

Przygotuj się na przyjście dzieciątka Chrystusowego, dekorując wewnętrzne drzewko bożonarodzeniowe. Wokół tego świętego drzewka połóż dary spokoju, wybaczenia, szlachetności, służby, życzliwości, duchowego zrozumienia i oddania — każdy z nich zawinięty w złote opakowanie dobrej woli i przewiązany srebrną wstążką twej czystej szczerości.

Niechaj Pan w bożonarodzeniowy poranek twojego duchowego przebudzenia, odwinie wspaniałe prezenty darów twojego serca, opieczętowane łzami

Medytacje metafizyczne

twojej radości i przewiązane wstążką twej wieczystej wierności dla Niego.

Przyjmuje On jedynie dary ze świętych cech duszy. Jego akceptacja będzie dla ciebie największym Jego podarunkiem; ponieważ oznacza to, że dar, którym On cię obdarzy, będzie niczym innym, jak Nim Samym. Oddając Samego Siebie uczyni On twoje serce wystarczająco dużym, abyś mógł Go pomieścić. Twoje serce będzie pulsowało Chrystusem we wszystkim.

Raduj się tym świętem, narodzinami Chrystusa, w umyśle i duszy, i w każdym żywym atomie.

Poprzez codzienną medytację przygotujesz kołyskę swojej świadomości, aby pomieściła w sobie nieograniczone dzieciątko Chrystusowe. Każdy dzień stanie się prawdziwym Bożym Narodzeniem boskiej komunii.

— ❧ —

Będę synem Bożym, tak samo jak był nim Jezus, poprzez całkowite przyjęcie Boga dzięki mojej świętej, medytacją rozszerzonej świadomości.

Medytacje bożonarodzeniowe

BOŻONARODZENIOWE ŚLUBOWANIE

PRZYGOTUJĘ SIĘ na nadejście Wszechobecnego dzieciątka Chrystusowego poprzez oczyszczenie kolebki mojej świadomości, obecnie zardzewiałej egoizmem, obojętnością i zmysłowym przywiązaniem; i poprzez wypolerowanie jej głęboką, codzienną, boską medytacją, introspekcją i rozróżnianiem. Przeobrażę ją, wypełniając oślepiającym blaskiem duchowych cech braterskiej miłości, skromności, wiary, pragnienia Bożego urzeczywistnienia, siły woli, samokontroli, wyrzeczenia i bezinteresowności, tak abym mógł godnie uczcić narodziny Boskiego Dzieciątka.

MEDYTACJA NA BOŻONARODZENIOWY PORANEK

ŚWIĘTUJ NARODZINY Chrystusa w kolebce swojej świadomości podczas okresu Bożego Narodzenia. Niech Jego niezmierzona percepcja w Naturze, w przestrzeni i w uniwersalnej miłości będzie odczuwalna w twoim sercu.

Przełam ograniczenia kasty, koloru, rasy,

Medytacje metafizyczne

uprzedzeń religijnych i dysharmonii, żeby kołyska twojego serca była wystarczająco duża, aby pomieścić w tobie Chrystusową miłość dla całego stworzenia.

W każdy bożonarodzeniowy poranek twej wewnętrznej percepcji przygotuj drogocenne paczki boskich cech i dostarcz je do ukochanych dusz, które gromadzą się dookoła bożonarodzeniowego drzewka wewnętrznego przebudzenia[1], aby uczcić Jego narodziny w zrozumieniu, prawdzie i szczęśliwości.

W świętowaniu narodzin wszechwiedzącej, wszechobecnej Świadomości Chrystusowej podczas radosnego bożonarodzeniowego święta twojego wewnętrznego przebudzenia, odnajdziesz nienaruszone szczęście swoich marzeń.

Niechaj wszechwiedząca Chrystusowa Świadomość[2] przyjdzie na ziemię po raz drugi i narodzi się w tobie, tak jak przejawiła się w świadomości Jezusa.

---

1 Tzn. kręgosłupa, z jego sześcioma ośrodkami światła i energii życiowej

2 W sanskrycie, Kutastha Chaitanya, radosna świadomość w całym stworzeniu, która pozostaje wiecznie niezmienna. Świadomość Ducha, immanentna w każdym atomie wibracyjnego stworzenia.

Medytacje bożonarodzeniowe

PRZEOBRAŻENIE CHRYSTUSA

CHRYSTUS WIECZNIE zamieszkuje we mnie. Poprzez moją świadomość, głosił kazania wszystkim moim krnąbrnym i obłudnym myślom. Za pomocą magicznej różdżki medytacyjnej intuicji uspokoił On burze na morzu mojego życia i wielu innych żywotów. Byłem mentalnie ślepy, moja wola była ułomna; ale uzdrowiony zostałem przez przebudzonego we mnie Chrystusa.

Chrystus chodził po niespokojnych wodach mojego umysłu, a mimo to Judasz niepokoju i niewiedzy, zwiedziony przez Szatana zmysłowych pokus, zdradził obecny we mnie Chrystusowy spokój, Chrystusową radość i ukrzyżował Boskość na krzyżu zapomnienia.

Chrystus rozkazał mojej martwej mądrości wyjść z jej włosienicy ułudy i wskrzesił moją mądrość do nowego życia.

W końcu moja wola, wiara, intuicja, czystość, nadzieja, medytacja, właściwe pragnienia, dobre nawyki, samokontrola, panowanie nad zmysłami, oddanie, mądrość – wszyscy ci uczniowie usłuchali rozkazu Chrystusa, który pojawił się na wysokim szczycie mojej medytacji.

O żywy Chryste, obecny w ciele Jezusa i w nas wszystkich, przejaw Siebie w esencji Twej chwały, w sile Twego światła, w mocy Twej doskonałej mądrości.

BOŻONARODZENIOWA MEDYTACJA

WSZYSTKIE MOJE myśli dekorują bożonarodzeniowe drzewko medytacji rzadkimi darami oddania, opieczętowanymi złotymi modlitwami serca, żeby Chrystus mógł przyjść i przyjąć moje skromne dary.

Mentalnie przyłączę się do praktyk religijnych we wszystkich meczetach, kościołach i świątyniach; i będę odbierał narodziny uniwersalnej Świadomości Chrystusowej, jako pokoju na ołtarzu wszystkich oddanych serc.

O Chryste, niechaj narodziny Twej miłości będą odczuwane we wszystkich sercach, w to Boże Narodzenie oraz we wszystkie inne dni.

Medytacje bożonarodzeniowe

O Chryste, pobłogosław Twe dzieci, żeby w głębi duszy przestrzegały Twych praw. Spraw, abyśmy uświadomili sobie, że Tyś jest najlepszym schronieniem przed niebezpieczeństwem.

Naucz nas, o Chryste, abyśmy byli oddani naszemu Ojcu, tak jak Ty jesteś.

Po tym jak czekał na mnie przez wiele wcieleń, Chrystus na nowo narodził się we mnie. Wszelkie granice mojego małego umysłu zostały zburzone, aby to dzieciątko-Chrystus mogło przebudzić się na łonie mojej świadomości.

Chrystusowa Świadomość we mnie jest pasterzem, który prowadzi moje niespokojne myśli do domu boskiego pokoju.

O Panie! Spraw, aby me serce było wystarczająco duże, aby pomieściło Ciebie, i aby pulsowało Chrystusową Świadomością we wszystkim. Wówczas będę radował się świętem Twych narodzin w moim umyśle, w mojej duszy i w jedności z każdym pulsującym atomem.

O AUTORZE

Paramahansa Jogananda (1893-1952) powszechnie uważany jest za jedną z najwybitniejszych duchowych osobistości naszych czasów. Urodzony w północnych Indiach, przybył do Stanów Zjednoczonych w 1920 roku, gdzie przez ponad trzydzieści lat propagował pochodzące z Indii starożytne nauki medytacji i sztukę zrównoważonego życia duchowego. Poprzez wysoko cenioną historię własnego życia, opisaną w *Autobiografii jogina,* i wiele innych książek, zapoznał miliony czytelników z ponadczasowymi prawdami, na których opierają się religijne tradycje Wschodu i Zachodu.

W 1920 roku, aby umożliwić dostęp do nauk, które przeniósł ze Wschodu, Paramahansa Jogananda założył organizację, Self-Realization Fellowship (znaną w Indiach pod nazwą Yogoda Satsanga Society of India). Wśród celów i ideałów, jakie przewidział dla swojego stowarzyszenia, znalazły się: szerzenie naukowych technik osiągania stanu bezpośredniego osobistego doświadczania Boga, rozpowszechnianie podstawowych zasad prawdy stanowiących ogólnie przyjęte podstawy wszystkich prawdziwych religii, a przez to propagowanie ducha większej harmonii wśród różniących się między sobą ludzi i narodów na całym świecie.

Poprzez praktyczne nauki na temat „jak żyć", Paramahansa Jogananda starał się dać ludziom różnych ras i wyznań środki umożliwiające im uwolnienie się spod wpływu fizycznych, umysłowych i duchowych braków harmonii oraz dające możliwość rozpoznawania i pełnego wyrażania w swoim życiu piękna, godności i prawdziwej boskości ludzkiego ducha. Jego ogólnoświatowa działalność kontynuowana jest pod przewodnictwem Śri Mrinalini Maty, prezydenta Self-Realization Fellowship.

PARAMAHANSA JOGANANDA: JOGIN W ŻYCIU I ŚMIERCI

Paramahansa Jogananda wkroczył w *samadhi* (świadome ostateczne odejście jogina z ciała) w Los Angeles, w Kalifornii, w dniu 7 marca 1952 roku, po wygłoszeniu swojego przemówienia podczas bankietu wydanego na cześć Jego Ekscelencji Binaja R. Sena, ambasadora Indii.

Wielki światowy nauczyciel zademonstrował wartość jogi (naukowych technik dla urzeczywistnienia Boga) nie tylko w życiu, ale także i w śmierci. Przez wiele tygodni po tym jak odszedł, jego niezmieniona twarz świeciła nieulegającym zepsuciu boskim blaskiem.

Harry T. Rowe, dyrektor kostnicy na terenie Forrest Lawn Memorial Park, (gdzie ciało wielkiego mistrza zostało tymczasowo umieszczone), wysłał do Self-Realization Fellowship uwierzytelniony notarialnie list, z którego cytujemy następujące wyjątki:

„Brak jakichkolwiek widocznych oznak rozkładu na ciele Paramahansy Joganandy jest najbardziej niezwykłym przypadkiem w naszym doświadczeniu […]. Żaden fizyczny rozkład nie był zauważalny na jego ciele nawet dwadzieścia dni po śmierci […].

Żadne objawy pleśni nie pojawiły się na skórze, ani żadne dostrzegalne odwodnienie (wysuszanie) nie miało miejsca w tkankach ciała. Ów stan doskonałego zachowania ciała, jak na to wskazują rejestry naszej kostnicy, nie miał nigdy dotąd miejsca [...]. Od chwili przyjęcia ciała Joganandy personel kostnicy spodziewał się, że zaobserwuje poprzez szklane wieko trumny, zwykłe oznaki cielesnego rozkładu. Nasze zdumienie wzrastało, kiedy dzień za dniem nie przynosił żadnych widzialnych zmian w obserwowanym ciele. Ciało Joganandy pozostawało w fenomenalnym stanie niezmienności [...].

„Żaden odór rozkładu nie wydzielał się z jego ciała w jakimkolwiek momencie [...]. Fizyczny wygląd Joganandy w dniu 27 marca, tuż przed zakryciem trumny wiekiem z brązu, był taki sam jak w dniu 7 marca. Wyglądał w dniu 27 marca tak samo świeżo i nietknięty przez rozkład, jak wyglądał w dniu swojej śmierci. W dniu 27 marca nie było w ogóle żadnego powodu, aby powiedzieć, że jego ciało zostało dotknięte przez jakikolwiek dostrzegalny rozkład. Z powyższych powodów ponownie oświadczamy, że przypadek Paramahansy Joganandy jest w naszym doświadczeniu unikalny".

KSIĄŻKI PARAMAHANSY JOGANANDY W JĘZYKU POLSKIM

Do nabycia w księgarniach lub bezpośrednio od wydawcy
Self-Realization Fellowship
www.yogananda-srf.org

Autobiografia jogina

KSIĄŻKI PARAMAHANSY JOGANANDY W JĘZYKU ANGIELSKIM

Do nabycia w księgarniach lub bezpośrednio od wydawcy

Self-Realization Fellowship
3880 San Rafael Avenue • Los Angeles, California 90065-3219
Tel (323) 225-2471 • Fax (323) 225-5088
www.yogananda-srf.org

Autobiography of a Yogi

The Second Coming of Christ:
The Resurrection of the Christ Within You
Odkrywczy komentarz do oryginalnych nauk Jezusa.

God Talks with Arjuna;
The Bhagavad Gita Man's Eternal Quest
Wybór odczytów i pogadanek Paramahansy Joganandy.
Tom I

The Divine Romance
Wybór odczytów, pogadanek i esejów Paramahansy Joganandy. Tom II.

Journey to Self-Realization
Wybór odczytów i pogadanek Paramahansy Joganandy. Tom III

Wine of the Mystic:
The Rubaiyat of Omar Khayyam — A Spiritual Interpretation
Natchniony komentarz, który wydobywa na jaw mistyczną naukę komunii z Bogiem, skrytą w zagadkowych obrazach poetyckich Rubajatów.

Where There Is Light:
Insight and Inspiration for Meeting Life's Challenges

Whispers from Eternity
Zbiór modlitw i opisy przeżyć duchowych, jakich Paramahansa Jogananda doznał w głębokiej medytacji.

The Science of Religion The Yoga of the Bhagavad Gita:
An Introduction to India's Universal Science of God-Realization

The Yoga of Jesus:
Understanding the Hidden Teachings of the Gospels

In the Sanctuary of the Soul:
A Guide to Effective Prayer

Inner Peace:
How to Be Calmly Active and Actively Calm

To Be Victorious in Life

Why God Permits Evil and How to Rise Above It

Living Fearlessly:
Bringing Out Your Inner Soul Strength

How You Can Talk With God

Metaphysical Meditations
Zbiór ponad trzystu medytacji, modlitw i afirmacji.

Scientific Healing Affirmations
Paramahansa Jogananda gruntownie wyjaśnia naukę afirmacji.

Sayings of Paramahansa Jogananda
Zbiór powiedzeń i mądrych wskazówek Paramahansy Joganandy. Są to odpowiedzi, jakich szczerze i z miłością udzielił tym, którzy przyszli do niego po radę.

Songs of the Soul
Mistyczne poezje Paramahansy Joganandy.

The Law of Success
Wyjaśnia dynamiczne zasady rządzące osiąganiem celów w życiu.

Cosmic Chants
Śpiewnik zawierający słowa i nuty 60 pieśni religijnych, ze wstępem, w którym Autor wyjaśnia, jak śpiew duchowy może doprowadzić do komunii z Bogiem.

NAGRANIA AUDIO PARAMAHANSY JOGANANDY

Beholding the One in All

The Great Light of God

Songs of My Heart

To Make Heaven on Earth

Removing All Sorrow and Suffering

Follow the Path of Christ, Krishna, and the Masters

Awake in the Cosmic Dream

Be a Smile Millionaire

One Life Versus Reincarnation

In the Glory of the Spirit

Self-Realization: The Inner and the Outer Path

POZOSTAŁE PUBLIKACJE SELF-REALIZATION FELLOWSHIP

Kompletny katalog opisujący wszystkie Self-Realization Fellowship publikacje oraz nagrania audio/video jest dostępny na żądanie.

The Holy Science
autor Swami Śri Jukteśwar

Only Love:
Living the Spiritual Life in a Changing World
autor Śri Daja Mata

Finding the Joy Within You:
Personal Counsel for God-Centered Living
autor Śri Daja Mata

God Alone:
The Life and Letters of a Saint
autor Śri Gjanamata

"Mejda":
The Family and the Early Life of Paramahansa Jogananda
autor Sananda Lal Ghosh

Self-Realization
(kwartalnik założony przez Paramahansę Jogananę w 1925 r.)

LEKCJE SELF-REALIZATION FELLOWSHIP

Naukowe techniki medytacji rozpowszechniane przez Paramahansę Joganandę, łącznie z *krija-jogą* – jak również jego przewodnik na temat wszystkich aspektów zrównoważonego życia duchowego – zawarte zostały w *Lekcjach Self-Realization Fellowship*. Więcej informacji można uzyskać pisząc z prośbą o przesłanie bezpłatnej broszury "Undreamed-of Possibilities" dostępnej w języku angielskim, hiszpańskim i niemieckim.

www.ingramcontent.com/pod-product-compliance
Lightning Source LLC
Chambersburg PA
CBHW020007050426
42450CB00005B/352